88 Unterrichts Rezepte

Deutsch als Fremdsprache

Eine Sammlung interaktiver Übungsideen

herausgegeben von Christopher Sion

übersetzt und bearbeitet von
Barbara Huter und Susanne Schauf

Ernst Klett Sprachen
Stuttgart

88 UNTERRICHTSREZEPTE DEUTSCH

Eine Sammlung interaktiver Übungsideen

herausgegeben von Christopher Sion
mit Beiträgen von Seth Lindstromberg

Die Unterrichtsrezepte sind folgenden Werken entnommen:

Recipes For Tired Teachers, Edited by Christopher Sion, Addison-Wesley Publishing Company, Inc., 1985: 3; 5; 7; 8; 9; 11; 13; 15; 17; 19; 20; 21; 22; 23; 24; 25; 26; 27; 29; 31; 34; 35; 36; 40; 41; 42; 43; 46; 47; 48; 51; 52; 54; 55; 63; 64; 66; 67; 68; 69; 70; 72; 74; 75; 77; 78; 81; 85; 86; 87; 88.

More Recipes For Tired Teachers, Edited by Christopher Sion, Addison-Wesley Publishing Company, Inc. 1991: 1; 4; 10; 14; 16; 18; 28; 30; 32; 33; 38; 39; 44; 45; 50; 53; 56; 57; 58; 59; 60; 61; 62; 71; 76; 79; 80; 82; 84.

The Recipe Book (Pilgrims Longman Resource Books) Edited by Seth Lindstromberg, Longman Group UK Limited 1990: 2; 6; 12; 37; 65; 83.

Bildquellen: Bavaria: Ron Chapple (37,2), Rob Gage (37,1), Jim Whitmer (38,1); Fototex: Color Box (38,2), J.M. Lützmann (37,3), J. Wandmacher (38,3)

1. Auflage A 1 19 18 17 16 | 2009 2008 2007 2006
Alle Drucke dieser Auflage können im Unterricht nebeneinander benutzt werden, sie sind untereinander unverändert. Die letzte Zahl bezeichnet das Jahr dieses Druckes.
Dieses Werk folgt der reformierten Rechtschreibung und Zeichensetzung.

Internetadresse: http://www.klett-verlag.de

Zeichnungen: Stefano Buti, Pia Lizzadro, Bonnie Chayes Yousefian
Einbandgestaltung: Dieter Gebhardt
Mitarbeit: Walter Pape, Anja Bürkle

Druck: Ludwig Auer GmbH, Donauwörth. Printed in Germany
ISBN 3-12-768790-7

9 783127 687903

VORWORT

Die in diesem Buch enthaltene Sammlung von „Rezepten“ entstammt dem reichen Erfahrungsschatz, den Lehrer des Sprachinstituts Pilgrims (Universität Kent) in vielen Ländern der Erde erworben haben.

Diese mehrfach erprobten und methodisch fundierten Aktivitäten wurden für den Unterricht in Deutsch als Fremdsprache adaptiert und mit entsprechenden Musterbeispielen und Kopiervorlagen versehen, so dass sie unmittelbar im Deutschunterricht in der Erwachsenenbildung und an Schulen verwendet werden können.

Den vorliegenden Unterrichtsrezepten liegt die Überzeugung zugrunde, dass echte, lebendige Kommunikation nur dann stattfindet, wenn ein entsprechendes Äußerungsbedürfnis besteht. Daher sind die Übungen so angelegt, dass sie echte Sprechanlässe im Klassenraum schaffen und nicht nur die Simulation von fiktiven Situationszusammenhängen darstellen. Denn nur das, was mit einer realen Erfahrung verbunden ist, bleibt nachhaltig im Gedächtnis haften.

Überzeugt sind die Autoren dieses Buches auch davon, dass ein vielfältiges und abwechslungsreiches Angebot an Sozial- und Übungsformen (Gruppenarbeit, Partnerarbeit, Einzelarbeit; Aktivitäten mit Bewegung, mit Zeichnen, mit Bildmaterial etc.) der Vielfalt der Lerntypen entspricht und dem Erfordernis eines möglichst ganzheitlichen Lernens entgegenkommt.

Schließlich wurde bei der Zusammenstellung dieser Sammlung darauf geachtet, dass alle Fertigkeiten in dem ihnen gebührenden Maß berücksichtigt werden um so den Umgang mit der Sprache mehrgleisig einzuüben.

Hier einige Erläuterungen zu den Angaben im Inhaltsverzeichnis:

1. Die Übungen sind nach dem Lernniveau gestuft:

∗ bedeutet, dass die Übung innerhalb des 1. Lernjahrs eingesetzt werden kann, d.h. parallel zur ersten Hälfte des ersten Bandes eines (zweibändigen) Lehrwerks. Mit

∗∗ gekennzeichnete Übungen sind für das 2. Lernjahr vorgesehen (zweiter Teil des ersten Lehrbuchbandes);

∗∗∗ entsprechen dem Lernniveau des 3. und 4. Lernjahrs (zweiter Band des Lehrwerks), während

∗∗∗∗ an Übungen vergeben wurden, die in sogenannten Nachzertifikats- bzw. Konversationskursen sinnvoll eingesetzt werden können.

Wenn mehrere Niveaus angegeben werden, ist davon auszugehen, dass die Übung bereits auf dem niedrigeren Niveau machbar ist, jedoch von den weiter fortgeschrittenen Lernern besser ausgeschöpft werden kann.

2. Dementsprechend wird auch die Dauer variieren. Die angegebenen Zeiten sind daher nur als Richtwerte zu verstehen.

3. Die für Material und Vorbereitung verwendeten Symbole bedeuten Folgendes:

△ keinerlei Vorbereitung;

▲ (grau) die Vorbereitung beschränkt sich auf das Mitbringen von Stiften oder auf das Kopieren einer vorhandenen Kopiervorlage (KV);

▲ die Vorbereitung beinhaltet das Beschriften von Kärtchen, die Suche nach geeignetem Bildmaterial etc.

Und noch ein Hinweis: Wenn in diesem Buch von „Lernern“ die Rede ist, so sind natürlich Lernerinnen und Lerner gemeint. Wir haben uns auf die eine traditionelle Form beschränkt um das Lesen der Texte nicht durch schwerfällige Formulierungen zu belasten. Wir bitten alle Leserinnen um Verständnis.

Zum Abschluss noch einige Tipps:

- Die meisten der in diesem Buch enthaltenen Übungen sehen Partner- oder Gruppenaktivitäten vor. Während die Lerner arbeiten, gehen Sie umher, greifen bei Bedarf helfend ein und versuchen nach Möglichkeit das Arbeitstempo in den einzelnen Gruppen gleichmäßig zu halten.
- Die meisten schriftlichen Tätigkeiten (z.B. Textproduktion und kreatives Schreiben) können sowohl im Unterricht als auch als Hausarbeit durchgeführt werden.
- Bei einem Großteil der Wortschatzarbeit kann das Wörterbuch benutzt werden, auch wenn dies nicht immer eigens erwähnt wird.
- Achten Sie darauf, dass sich die Übungen nicht zu lange hinziehen. Brechen Sie die Übung ab, bevor das Interesse der Lerner erlahmt.
- Überlegen Sie genau, welche Übung für welchen Kurs geeignet ist. Lassen Sie Diskussionen nicht zu persönlich werden, wenn Sie nicht sicher sein können, dass die entsprechende Bereitschaft vorhanden ist.
- Seien Sie behutsam beim Korrigieren von Fehlern. Vermeiden Sie alles, was die Lerner frustriert und mutlos macht. Versuchen Sie sie durch indirekte Korrektur oder eigenes Herausfinden von Fehlern zu den richtigen Antworten zu führen.
- Sparen Sie nicht mit Lob, wenn sich die Lerner intensiv bemühen, wenn sie gut arbeiten und wenn sie richtige Ergebnisse erzielen. Lob hat für die Motivation einen unschätzbaren Wert.

Zuletzt sei noch gesagt, dass diese Rezepte zwar in gebrauchsfertiger Form vorliegen, dass aber Sie der Küchenchef sind. Würzen Sie nach Belieben, variieren Sie nach Bedarf und bereiten Sie ein Mahl, das Ihren Bedürfnissen und denen Ihrer „Gäste“ entspricht. Wir wünschen Ihnen gutes Gelingen!

INHALTSVERZEICHNIS

Nr.	Niveau	Lernziele und Lerninhalte	Fertigkeiten	Zeit in Min.	Material/ Vorbereitung	Idee von	Seite
55	∗∗ bis ∗∗∗∗	Satzbau	—	15-30	△	Peter Schimkus	85
56	∗∗ bis ∗∗∗∗	Hörverstehen und Nacherzählen	Hören Sprechen	ca. 60	▲	Eugene Stemp	87
57	∗∗ bis ∗∗∗∗	Kursorisches Lesen, Hörverstehen, Gehörtes identifizieren	Lesen Hören	20	▲	Allan Ryding	88
58	∗∗ bis ∗∗∗∗	Vervollständigung eines Textes; gezielt ausgewählte Grammatik- oder Wortschatzarbeit	Lesen	30	▲ KV	Margrit Wehrli	89
59	∗∗ bis ∗∗∗∗	Vokabelwiederholung (nach indiv. Wahl der Lerner); freie Textproduktion	Schreiben Sprechen	30	▲	Denny Packard	92
60	∗∗ bis ∗∗∗∗	Kreatives Schreiben: freie Textproduktion	Schreiben	30	▲	Claudia Kniep	93
61	∗∗ bis ∗∗∗∗	Wortschatzarbeit und Textproduktion	Schreiben	2 x 20-30	1. Std.: △ 2. Std.: ▲	Bryan Robinson	94
62	∗∗ bis ∗∗∗∗	Wortschatzarbeit und Textproduktion	Schreiben	60-90	▲	Roy Sprenger	95
63	∗∗∗	Über Unterrichtserwartungen sprechen; Ansichten äußern	Sprechen	45	▲ KV	Joan Hewitt	96
64	∗∗∗	Syntaktisch korrekte Sätze bilden	—	60	▲	Marjorie Baudains	98
65	∗∗∗	Leseverstehen; Analysieren und Konstruieren von Sätzen	—	15-45	▲	J. und D. Willis	99
66	∗∗∗	Wortschatz (Wörter, die man leicht verwechselt)	—	50-60	▲	Rick Haill	100
67	∗∗∗	Gr.: Konjunktiv, würde + Inf. / Bedingungssatz	Sprechen	20	△	Ian Butcher	101
68	∗∗∗	Konsequenzen aufzeigen, Hypothesen bilden; Gr.: Konjunktiv, würde + Inf., Bedingungssatz	Sprechen	20	△	Mike Levy	102
69	∗∗∗	Textproduktion, Grammatikwiederholung, Rechtschreibung	Schreiben Sprechen Lesen	2x30	1. Std.: △ 2. Std.: ▲	Mike Perry	103
70	∗∗∗	Beschreiben; Gr.: Imperativ, Ortsadverbien und -präp.	Hören Sprechen	20	▲	Miranda Britt	104
71	∗∗∗	Vermutungen ausdrücken und begründen; Werbetext erstellen	Sprechen Schreiben	30	▲	Mike Lavery	105
72	∗∗∗	Werbetext formulieren und mündlich vortragen	Schreiben Sprechen	15-30	▲	Lou Spaventa	106

1

NIVEAU: ✶

LERNZIELE: persönliche Fragen stellen und beantworten, sich vorstellen

Diese Übung eignet sich nur für die erste Unterrichtsstunde eines neu zusammengesetzten Kurses.

VORBEREITUNG:

1. Bringen Sie Tücher mit. Sie brauchen je eines pro Teilnehmer.
2. Außerdem benötigen Sie einen großen Unterrichtsraum. Schieben Sie die Möbel zur Seite, damit sich die Lerner – mit verbundenen Augen – gefahrlos bewegen können.

UNTERRICHTSVERLAUF:

1. Erläutern Sie den Übungsablauf: Die Lerner sollen mit verbundenen Augen durch den Raum gehen. Wenn sie jemanden berühren, stellen sie drei Fragen um etwas über die betreffende Person zu erfahren. Direkte Fragen wie *Wie heißen Sie?* oder *Wer sind Sie?* sind jedoch nicht erlaubt.

Hier ein Beispiel:

Maria stößt auf Walter. Die Augenbinden werden nicht abgenommen und Maria fragt:
Wie alt bist du/sind Sie?
Hast du/Haben Sie Brüder?
Was hast du/haben Sie letzten Samstag gemacht?

Walter antwortet und stellt dann seinerseits Fragen an Maria:
Welche Musik gefällt dir/Ihnen?
Bist du/Sind Sie Optimist oder Pessimist?
Hast du/Haben Sie den Film „Schtonk" gesehen?

Empfehlen Sie den Lernern insbesondere auf die Stimmen zu achten, da sie die Personen später an den Stimmen wiedererkennen sollen.

2. Verteilen Sie die Tücher und bitten Sie die Lerner, entsprechend Punkt 1 vorzugehen. Spielen Sie selbst nicht mit, übernehmen Sie vielmehr die Rolle des Spielleiters und helfen Sie, wenn es sprachliche Schwierigkeiten gibt.

3. Nach etwa zehn Minuten nehmen die Lerner ihre Augenbinden ab. Sie stellen sich nun reihum mit Namen vor. Die anderen achten insbesondere auf die Stimme und wenn sie sie erkannt haben, erzählen sie, was sie bereits von dieser Stimme im Spiel erfahren haben. Die betreffende Person kann dann sagen, ob die gegebenen Informationen korrekt sind oder nicht. Das Spiel wird so lange fortgesetzt, bis sich jeder vorgestellt hat.

2

NIVEAU: ✶

LERNZIELE: Einstimmung in die Kurssituation (Aufwärmphase)

Diese Übung vermittelt einen sanften Übergang vom muttersprachigen Alltag in eine Klassenzimmersituation, in der plötzlich Deutsch gesprochen werden soll.

UNTERRICHTSVERLAUF:

1. Laden Sie die Lerner ein der Reihe nach an die Tafel zu kommen und in ihrer Muttersprache einen Satz oder ein Wort aufzuschreiben, mit dem sie spontan zum Ausdruck bringen, wie sie sich gerade fühlen, wie der Tag gelaufen ist oder was sie auch immer gerade sagen mögen.
Beispielsweise könnten (bei spanischer Muttersprache) Äußerungen wie diese an die Tafel geschrieben werden:
No tengo ganas hoy. Estoy cansado. Me alegro de estar aquí. Tengo sed. ¡Qué calor! usw.

2. Wenn einige dieser Äußerungen an der Tafel stehen, fragen Sie die Lerner, ob sie den einen oder anderen Satz auf Deutsch sagen und an die Tafel schreiben möchten.

3. Nun geht beispielsweise Lerner A an die Tafel und schreibt an die entsprechende Stelle: *Ich bin müde.* Dann fragt er/sie den Schreiber des Satzes *Estoy cansado,* ob er/sie mit der Übersetzung einverstanden ist. Wenn ja, löscht er/sie den spanischen Satz. Auf diese Weise werden die spanischen Sätze nach und nach durch deutsche ersetzt.

4. Nun kann jeder und jede den einen oder anderen Satz, der seiner/ihrer Verfassung entspricht, an andere Teilnehmer richten und laut kundtun. Auf diese Weise gehen die Lerner dazu über Deutsch zu sprechen. Sie äußern dabei ihre Gefühle und geben Ihnen die Möglichkeit die emotionale Verfassung der Klasse richtig einzuschätzen.

Anmerkung:
Bei diesem Rezept ist es zumindest empfehlenswert, dass Sie die Muttersprache Ihrer Lerner gut beherrschen.

3

NIVEAU: ✶, ***VARIANTE:*** ✶ ✶

LERNZIELE: über den Tagesablauf berichten; Grammatik: Präsens; (Variante: Perfekt bzw. Präteritum)

MATERIAL: Personenfotos aus Zeitschriften

VORBEREITUNG:

Kleine Fotos von Personen aus Zeitschriften ausschneiden und jeweils auf ein weißes Din A4-Blatt kleben. Sie benötigen für jeden Teilnehmer ein Blatt.

UNTERRICHTSVERLAUF:

1. Sie bitten die Lerner in Stuhlkreisen zu jeweils 5 bis 10 Personen Platz zu nehmen. Dann verteilen Sie ein vorbereitetes Blatt an jeden Teilnehmer.

2. Nun bitten Sie jeden Teilnehmer der Person auf dem Bild einen *Namen* zu geben und diesen darunter zu schreiben. Dann wird das Blatt an den rechten Nachbarn weitergereicht, der seinerseits *Alter und Beruf* hinzufügt und das Blatt ebenfalls an den rechten Nachbarn weiterleitet. Nach derselben Vorgehensweise werden nun nachstehende Angaben ergänzt:
- *Familienstand und Anzahl der Personen in der Familie*
- *Adresse*
- *Hobbys und Interessen (2 bis 3 Angaben)*
- *was die Person besonders mag*
- *was die Person absolut nicht ausstehen kann.*

Achten Sie darauf, dass zügig gearbeitet wird, und bitten Sie die Lerner sich jeweils auf nur einen Satz zu beschränken. Geben Sie der Klasse aber etwas Zeit sich die fertig gestellten Blätter anzusehen.

3. Nachdem die wesentlichen Informationen festgelegt sind, schlagen Sie vor die dargestellten und beschriebenen Personen durch ihren Alltag zu begleiten. Fordern Sie die Lerner auf gemeinsam einen Bericht darüber zu schreiben, wie jede einzelne Person den Tag normalerweise verbringt.

Zu Beginn schreibt jeder Lerner das Wort *Am Morgen* ... auf sein Blatt (eventuell auf die Rückseite oder auch auf ein getrenntes Blatt Papier) und reicht es an seinen linken Nachbarn weiter. Dieser beschreibt in ein bis zwei entsprechenden Sätzen den Tagesbeginn der betreffenden Person und reicht das Blatt wieder an seinen linken Nachbarn weiter. Der Bericht ist abgeschlossen, wenn das Blatt an seinen Ausgangspunkt zurückgekehrt ist. Bei sehr kleinen oder bei sehr engagierten Gruppen empfiehlt es sich, die Blätter eine zweite Runde durchlaufen zu lassen.

4. Lassen Sie bis zum Ende der Unterrichtsstunde die Lerner ihre Berichte vergleichen. Sammeln Sie dann Bilder und Berichte ein. Letztere sollten als Grundlage für eine Fehlerliste dienen, die in der nächsten Stunde besprochen werden kann.

VARIANTE:

Mit etwas weiter fortgeschrittenen Gruppen kann man auch das Perfekt oder das Präteritum üben, indem man nicht *Am Morgen,* sondern *Heute Morgen, gestern* o.ä. vorgibt.

4

NIVEAU: ✶

LERNZIELE: Gehörtes wiedergeben; Grammatik: reflexive Verben im Präsens, Perfekt oder Präteritum, Präpositionen

MATERIAL: Overheadprojektor mit Folien und entsprechenden Stiften
(Alternative: Flip-Chart und dicke Filzstifte)

UNTERRICHTSVERLAUF:

1. Aufwärmphase: Fragen Sie die Lerner, was sie heute Morgen alles gemacht haben. Jeder Lerner sollte Gelegenheit haben etwa zwei Punkte zu nennen. Vorgesehene Zeit: 5 Minuten.

Wenn das Perfekt oder das Präteritum noch nicht bekannt ist, fragen Sie die Lerner, was sie jeden Morgen tun – und Sie erhalten Antworten im Präsens.

2. Geben Sie jedem Lerner eine Folie und einen Stift.

3. Die Lerner formieren sich zu Paaren. Partner A beschreibt Partner B genau alle Bewegungsabläufe vom Aufwachen bis zum Verlassen des Hauses. Sobald A zu sprechen beginnt, setzt B den Stift auf die Folie und bewegt ihn entsprechend der Beschreibung seines Partners.

Hier ein Beispiel:
Ich bin aufgestanden und habe das Fenster aufgemacht. Dann bin ich ins Bad gegangen und habe mich gewaschen.

Die entsprechende Zeichnung könnte so aussehen:

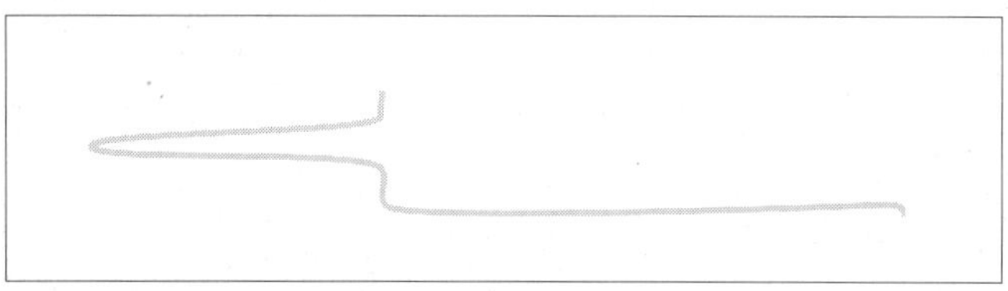

Dabei soll B den Stift nicht von der Folie nehmen und die Linie nicht unterbrechen. Auch sollen weder Wände noch Türen, Fenster oder Möbel eingezeichnet werden.

4. Wenn die Beschreibung zu Ende ist, wird die Zeichnung signiert und von Ihnen eingesammelt. Dann werden die Rollen getauscht: B erzählt, während A zeichnet. Die Zeichnung wird wieder signiert und ebenfalls an Sie gegeben.

5. Legen Sie nun z.B. die Folie eines Partners B auf den Overheadprojektor. Bitten Sie seinen Partner A nach vorne zu kommen und anhand der Zeichnung seine Beschreibung zu wiederholen. Partner B wird daraufhin Ungenauigkeiten korrigieren, Informationen ergänzen und gegebenenfalls Fragen der anderen Lerner beantworten.

6. Das in Punkt 5 beschriebene Vorgehen kann nur bei sehr kleinen Klassen mit allen Partnern wiederholt werden, andernfalls empfiehlt es sich, eine Auswahl zu treffen um keine Langeweile aufkommen zu lassen.

VARIANTE:

Eine unterhaltsame Variante dieser Übung ist es, Folie für Folie auf den Projektor zu legen und die Klasse zu fragen, welche Assoziationen die Zeichnung wachruft. Dabei kann die Folie nach allen Seiten gedreht werden.

5

NIVEAU: ✶

LERNZIELE: Wortschatz, Sätze bilden

MATERIAL: 40 bis 60 kleine Kärtchen (möglichst in zwei verschiedenen Farben), wobei von einer Teilnehmerzahl von 12 ausgegangen wird

VORBEREITUNG:

Bereiten Sie zwei – möglichst verschiedenfarbige – Sets von 20 bis 30 Kärtchen vor und schreiben Sie auf *jedes* Kärtchen ein *anderes* Substantiv, das die Lerner bereits kennen und das Sie mit ihnen üben möchten.

UNTERRICHTSVERLAUF:

1. Teilen Sie die Klasse in zwei Gruppen und geben Sie jeder Gruppe ein Set Kärtchen. Lassen Sie die Lernergruppen die Wörter *unter sich* laut vorlesen und ihre Bedeutung klarstellen, ohne jedoch die andere Gruppe zu informieren.

2. Fordern Sie nun jede Gruppe auf sechs Wörter (ein Wort pro Lerner) auszuwählen, die ihrer Meinung nach inhaltlich-assoziativ in einem gewissen Zusammenhang stehen. (Bei häufigerem Einsatz dieser Übung werden von den Lernern immer fantasievollere Zusammenhänge hergestellt.)

3. Jeder Lerner bildet nun mit seinem Wort einen beliebigen Satz. Auf diese Weise erhält jede Gruppe sechs Sätze. Nun sucht sich jeder Lerner einen Partner in der anderen Gruppe und tauscht (mündlich) mit ihm die Sätze aus. Er/Sie berichtet dann der eigenen Gruppe, welchen Satz er/sie gehört hat. Ein/e „Sekretär/in“ notiert die sechs Sätze der Partnergruppe.

4. Im Anschluss daran wird analysiert, welche Wörter gewählt wurden und welche Assoziationen der Auswahl zugrunde liegen.

6

NIVEAU: ✶, ***VARIANTE:*** ✶ ✶

LERNZIELE: Grammatik: Wortstellung; (Variante: verschiedene Zeitformen)

MATERIAL: einige Kärtchen

VORBEREITUNG:

Schreiben Sie je eine Zeitangabe auf die Kärtchen, z.B.: *heute Morgen, nächsten Dienstag, um halb vier, diesen Montag, jetzt, morgen, regelmäßig, niemals, jeden Tag etc.*

UNTERRICHTSVERLAUF:

1. Schreiben Sie einen Satz an die Tafel, z.B: *Markus geht ins Schwimmbad.* Oder: *Ich rufe meine Mutter an.*

2. Erklären Sie den Lernern, dass Sie nun ein Kärtchen mit einem Wort vorzeigen werden, das in diesen Satz – an der richtigen Stelle – einzufügen ist. Dabei muss die Wortstellung entsprechend verändert werden.

Hier ein Beispiel: Sie zeigen das Kärtchen mit den Wörtern *heute Morgen*. Der von den Lernern zu bildende Satz lautet: *Heute Morgen geht Markus ins Schwimmbad.* bzw. *Heute Morgen rufe ich meine Mutter an.*

3. Zeigen Sie nun ein Kärtchen nach dem anderen vor und lassen Sie die Lerner den Satz jeweils entsprechend transformieren. Wenn die Klasse bereits eine gewisse Fertigkeit im Umformen der Wortstellung gewonnen hat, beschleunigen Sie das Tempo um die Lerner herauszufordern und Langeweile zu vermeiden.

VARIANTE:

Für Gruppen, in denen das Präteritum und/oder Perfekt schon bekannt sind, können die Vorgaben entsprechend abgewandelt werden, z.B. *gestern, am letzten Freitag, vor zwei Wochen, früher etc.* Damit können dann sowohl die Wortstellung als auch die Zeitformen geübt werden.

7

NIVEAU: ✶, ***VARIANTE:*** ✶ ✶ ✶

LERNZIELE: Spiel – situationsgerechte Fragen stellen; (Variante: gründliche Auseinandersetzung mit einem Text)

MATERIAL: Kopien der Seiten 16 (oder 18) und 17, ein Würfel für jeweils vier Lerner, ein Spielstein pro Lerner

VORBEREITUNG:

Kopieren Sie für jeweils 4 Lerner die Seiten 16 und 17. (Wenn Sie das Sprachmaterial selbst festlegen wollen, verwenden Sie Seite 18 – anstelle von Seite 16 – und tragen Sie die dem Lernniveau Ihrer Gruppe entsprechenden Antwortsätze ein.)
Es empfiehlt sich, Seite 16 bzw. 18 auf Karton zu kleben und so ein Spiel„brett“ herzustellen.

UNTERRICHTSVERLAUF:

1. Bilden Sie Kleingruppen von vier Personen und geben Sie jeder Gruppe einen Würfel, ein Spiel„brett“ und ein Blatt mit den Spielregeln. Außerdem erhält jeder Teilnehmer einen Spielstein. (Gegebenenfalls können auch Münzen oder Papierschnipsel mit entsprechender Kennzeichnung verwendet werden.)

2. Bitten Sie die Lerner sich die Spielregeln durchzulesen und das Spiel zu beginnen. Bleiben Sie im Hintergrund und greifen Sie nur ein, wenn sich eine Gruppe nicht darüber einigen kann, ob ein Satz richtig oder falsch ist, oder wenn Sie merken, dass eine falsche Entscheidung getroffen wurde. Versuchen Sie nicht zu unterbrechen, aber haben Sie ein offenes Ohr für auftretende Probleme, die Sie zu einem späteren Zeitpunkt behandeln können.

3. Sobald das Spiel zu Ende ist, gehen Sie nochmals alle Sätze durch oder Sie fragen die Lerner, ob noch irgendwo Zweifel bestehen. Wenn eine Gruppe das Spiel lange vor den anderen beendet hat, kann sie in der Zwischenzeit selbst ein ähnliches Spiel entwerfen.

VARIANTE:

Nach der Lektüre eines umfangreichen Textes können auch Fragen nach dem Inhalt gestellt werden.

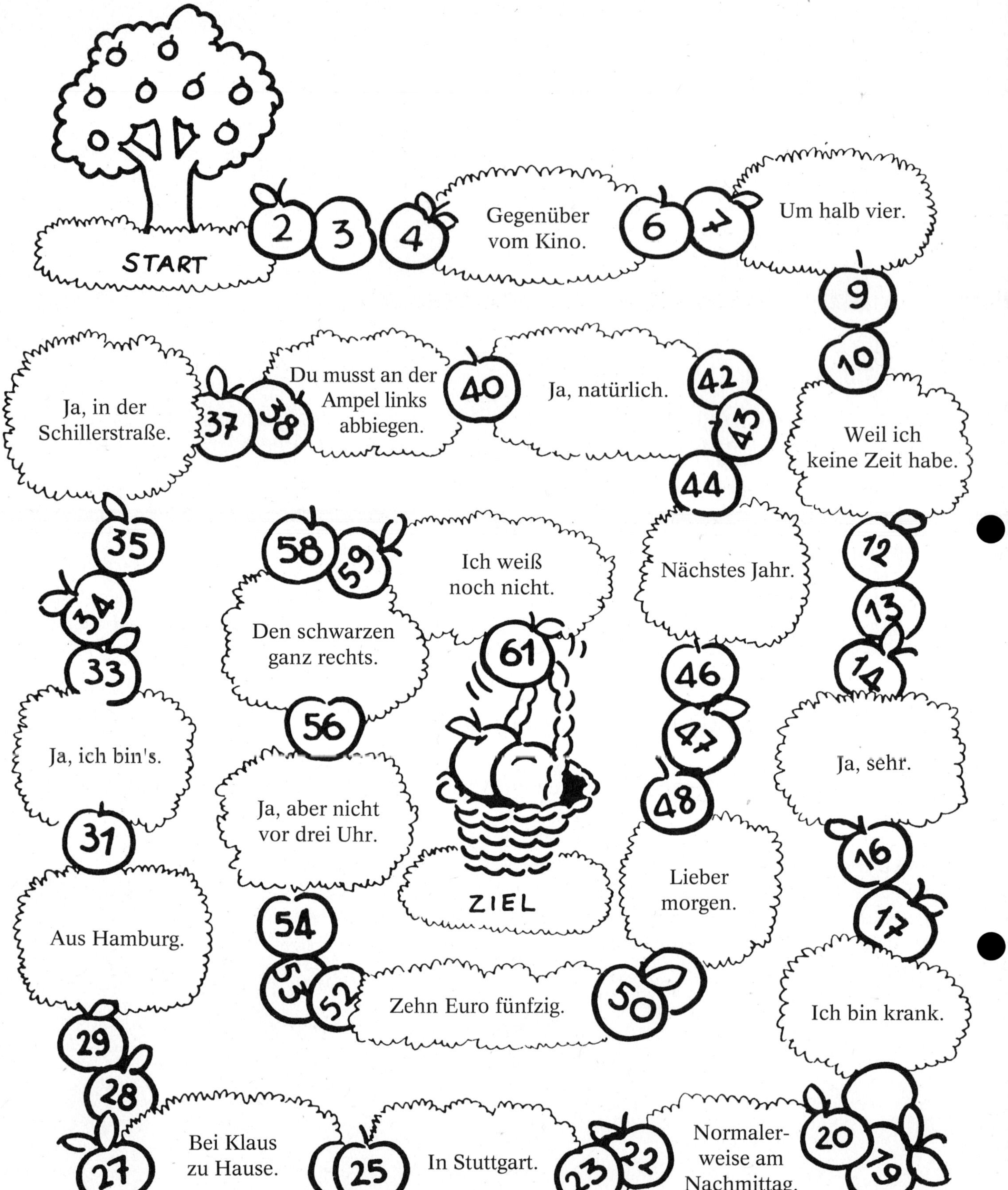
START
Gegenüber vom Kino.
Um halb vier.
Weil ich keine Zeit habe.
Ja, sehr.
Ich bin krank.
Normalerweise am Nachmittag.
In Stuttgart.
Bei Klaus zu Hause.
Aus Hamburg.
Ja, ich bin's.
Ja, in der Schillerstraße.
Du musst an der Ampel links abbiegen.
Ja, natürlich.
Nächstes Jahr.
Lieber morgen.
Zehn Euro fünfzig.
Ja, aber nicht vor drei Uhr.
Den schwarzen ganz rechts.
Ich weiß noch nicht.
ZIEL

SPIELREGELN:

1. Setzen Sie alle Spielsteine auf *START*.

2. Wer zuerst eine Sechs würfelt, beginnt. Es wird im Uhrzeigersinn gespielt.

3. Rücken Sie Ihre Steine entsprechend der gewürfelten Augenzahl vor.

4. Treffen Sie auf ein Feld mit einem Satz, stellen Sie eine Frage, zu der der betreffende Satz die passende Antwort sein könnte.

5. Die Gruppe entscheidet, ob Sie die Aufgabe richtig gelöst haben. (Den Lehrer sollten Sie nur zu Rate ziehen, wenn sich Ihre Gruppe nicht einigen kann.) Wenn Sie „bestanden“ haben, rücken Sie um drei Felder vor, wenn nicht, gehen Sie drei Felder zurück. (In beiden Fällen endet Ihre Aufgabe hier, Sie brauchen keine weitere Frage zu stellen.)

6. Wenn Sie auf einem Zahlenfeld (Apfel) landen, parken Sie hier, bis Sie wieder an der Reihe sind.

7. Wenn Sie auf ein Feld treffen, auf dem bereits ein anderer Spieler steht, rücken Sie um ein Feld weiter und verhalten sich entsprechend.

8. Um das Spiel zu beenden müssen Sie direkt beim Obstkorb (*ZIEL*) ankommen. Wenn Sie beispielsweise auf Feld 61 landen und eine Fünf würfeln, zählen Sie 1 vor und 4 zurück und kommen auf Feld 58 zu stehen – in der Hoffnung das nächste Mal eine Vier zu würfeln!

START
ZIEL

8

NIVEAU: ✶, ***VARIANTE:*** ✶ ✶

LERNZIELE: situationsgerechte Fragen stellen (Variante: spekulieren)

VORBEREITUNG:

Bereiten Sie eine Liste von Antworten vor, und zwar derart, dass die Formulierung der dazugehörigen Fragen die Verwendung von Redemitteln verlangt, die Sie mit den Lernern üben möchten.
Wenn Sie beispielsweise die ***Sprechintention*** „nach dem Weg fragen“ wiederholen möchten, formulieren Sie Antworten wie diese:
Gehen Sie geradeaus bis zur Ampel. Dort biegen Sie links ab.
Ja, in der Schillerstraße ist es die dritte Querstraße rechts.
Es sind zu Fuß ungefähr 20 Minuten.

Wenn Sie mehr am Üben der verschiedenen ***Fragewörter*** interessiert sind, formulieren Sie die Antworten so, dass ein möglichst breites Spektrum an Fragepronomen abgerufen werden kann, z.B:
Weil es mir einfach gefällt. / Um halb vier. / Gegenüber vom Hauptbahnhof. / Nach Frankfurt. / Aus Hamburg. / Ungefähr ein Jahr. / Nichts. / Um zwei Uhr.

Auch das ***Perfekt*** kann Übungsziel sein. Dann sehen die Antworten etwa so aus:
Ja, ich habe sie gesehen. / Weil ich keine Zeit gehabt habe. / Nein, ich habe sie leider nicht gekauft.

UNTERRICHTSVERLAUF:

Verteilen Sie eine Liste mit Ihren vorbereiteten Antworten oder schreiben Sie sie an die Tafel. Die Lerner arbeiten allein, zu zweit oder in Kleingruppen und versuchen verschiedene Fragen für die einzelnen Antworten zu finden. Schreiben Sie dann die besten Fragen neben die entsprechende Antwort an die Tafel.

VARIANTE:
Folgende Übungsvariante erfordert keine Vorbereitung und eignet sich besonders für das Kennenlernen der Teilnehmer bei Kursbeginn.

Bitten Sie die Lerner in Kurzantworten 10 Fakten über sich selbst aufzuschreiben, z.B:
21 – München – Michaela – 1976 – auf der Straße – Kalbsschnitzel – Brasilien – Mittwoch – Lilien – September.

Die Lerner suchen sich nun Partner und tauschen die Notizen aus. Es geht darum, durch Vermutungen allmählich herauszufinden, welche die richtige Frage zu der gegebenen Antwort ist. Beispielsweise könnte das Gespräch in Bezug auf die Antwort 1976 so laufen:

A: *Haben Sie 1976 geheiratet?*
B: *Nein.*
A: *Haben Sie vielleicht in diesem Jahr ein Kind bekommen?*
B: *Nein, ich bin nicht verheiratet und habe auch keine Kinder.*
A: *Hat es überhaupt etwas mit Ihrer Familie zu tun?*
B: *Nein.*
A: *Hat es also etwas mit Ihrer Arbeit zu tun?*
B: *Ja.*
A: *Ist das das Jahr, in dem Sie angefangen haben zu arbeiten?*
B: *Ja, genau.*

Zum Abschluss erzählt jeder Teilnehmer der gesamten Klasse, was er/sie vom Partner erfahren hat.

9

NIVEAU: *

LERNZIELE: Verabredungen treffen; Wochentage, Uhrzeit

VORBEREITUNG:
Kopieren Sie die Kalenderseite von Seite 21 entsprechend der Teilnehmerzahl.

UNTERRICHTSVERLAUF:

1. Stellen Sie die Redemittel bereit, die zum Treffen von Verabredungen erforderlich sind. Es empfiehlt sich unter anderem, entsprechendes Material mit der Klasse in einem Brainstorming zu erarbeiten. Das Ergebnis sollten beispielsweise Sätze wie diese sein:

- *Bleiben wir diese Nacht?*
- *Wann kann ich mit dir/Ihnen sprechen?*
- *Hast du/Haben Sie fünf Minuten Zeit für mich?*
- *Passt dir/Ihnen Dienstag um drei Uhr?*
- *Leider kann ich am Dienstagnachmittag nicht, da habe ich schon einen Termin.*
- *Gut. Ich hole dich/Sie um halb neun ab.*
- *Hast du/Haben Sie morgen schon etwas vor?*
- *Ich muss mit dir/Ihnen sprechen.*
- *Warum gehen wir heute Abend nicht ins Kino?*

2. Verteilen Sie die Kopien und fordern Sie die Lerner auf einige persönliche Termine (z.B. Arbeitsbesprechung, Zahnarzt, Tennis, Theater etc.) einzutragen. Diese Termine sind bereits vereinbart und können grundsätzlich nicht verschoben werden. Es dürfen aber nicht alle Termine verplant werden: Bei einer Teilnehmerzahl von zehn sollten mindestens neun Termine frei bleiben, bei sechs Teilnehmern mindestens fünf.

3. Laden Sie nun die Lerner ein mit jedem Teilnehmer eine Verabredung zu treffen. (Wenn die Klasse mehr als zehn Teilnehmer zählt, empfiehlt es sich, zwei Gruppen zu bilden.) Auch Sie können mitspielen. Versuchen Sie mit allen Lernern zu sprechen, so können Sie auch ihr Deutsch überprüfen.

Es ist relativ leicht, die ersten Termine zu vereinbaren, aber in dem Maß, in dem die freien Plätze dahinschwinden, wird es auch sprachlich schwieriger, sich zu verabreden. Letztendlich kann es dazu kommen, dass es unmöglich erscheint, sich mit dem einen oder anderen zu verabreden. In diesem Fall kann man versuchen die bereits ausgemachten Termine zu verschieben.

MONTAG 1

8 ....
9 ....
10 ....
11 ....
12 ....
13 ....
14 ....
15 ....
16 ....
17 ....
18 ....
19 ....
20 ....

DIENSTAG 2

8 ....
9 ....
10 ....
11 ....
12 ....
13 ....
14 ....
15 ....
16 ....
17 ....
18 ....
19 ....
20 ....

MITTWOCH 3

8 ....
9 ....
10 ....
11 ....
12 ....
13 ....
14 ....
15 ....
16 ....
17 ....
18 ....
19 ....
20 ....

DONNERSTAG 4

8 ....
9 ....
10 ....
11 ....
12 ....
13 ....
14 ....
15 ....
16 ....
17 ....
18 ....
19 ....
20 ....

FREITAG 5

8 ....
9 ....
10 ....
11 ....
12 ....
13 ....
14 ....
15 ....
16 ....
17 ....
18 ....
19 ....
20 ....

SAMSTAG 6

....
....
....
....

SONNTAG 7

....
....
....
....
....

10

NIVEAU: ✶

LERNZIELE: Vorlieben und Abneigungen äußern, erzählen

VORBEREITUNG:

Sammeln Sie einige Gegenstände, die einen unterscheidbaren Geruch haben und in den Unterricht mitgebracht werden können, z.B. Parfum, Käse, Blumen, Schokolade, Kaffee, Knoblauch, gebrauchter Aschenbecher etc.

UNTERRICHTSVERLAUF:

1. Geben Sie den Lernern eine Einstimmung in die Betrachtung von Gerüchen. Fordern Sie sie auf einen Augenblick darüber nachzudenken, wie das Leben ohne das Wahrnehmen von Gerüchen aussehen würde.

Gegebenenfalls erinnern Sie daran, dass der Duft der „Madeleines" eines typischen Pariser Gebäcks – den französischen Autor Marcel Proust dazu veranlasst hat, sein Werk „Auf der Suche nach der verlorenen Zeit" zu schreiben.

2. Bitten Sie die Lerner die Augen zu schließen, reichen Sie einige geruchsintensive Gegenstände herum und fragen Sie die Lerner, wie sie die Gerüche empfinden. Versuchen Sie Stellungnahmen wie
Dieser Duft gefällt mir.
Dieser Duft gefällt mir nicht.
Ich hasse diesen Geruch.
Ich finde, das riecht schlecht/das stinkt.
Ich kann es nicht ertragen.
Wie gut das riecht!
zu erarbeiten, indem Sie selbst Beispiele geben. Versuchen Sie jeden Lerner zu mindestens einer Äußerung zu veranlassen.

3. Die Lerner notieren nun in ihrem Heft eine Reihe von Gegenständen, deren Geruch sie mögen bzw. nicht mögen:

angenehm	unangenehm

4. Regen Sie die Lerner an, an verschiedene Orte, Situationen und Menschen zu denken, die in ihnen Gerüche wachrufen. Beispielsweise kann jemand an den Weihrauch in der Kirche, an ein bestimmtes Rasierwasser, an das Desinfektionsmittel in einem Krankenhaus oder an den Geruch vor einer Bäckerei erinnert werden.

5. Die Lerner bilden Paare oder Kleingruppen, vergleichen ihre Listen und erzählen, warum sie bestimmte Gerüche mögen bzw. nicht mögen. Sie schildern einander ausführlich, welche Erinnerungen damit verbunden sind, wo und wann sie diese Situation erlebt haben, welche Personen damit verknüpft waren usw. Sie beantworten schließlich auch Fragen, die sie einander in diesem Zusammenhang stellen.

VARIANTE zu Punkt 3:
Um die Übung einfacher zu gestalten können Sie eine Reihe von geruchsintensiven Gegenständen nennen und die Lerner dann bitten, sie nach den Kategorien von „angenehm" und „unangenehm" zu ordnen.

11

NIVEAU: ✶

LERNZIELE: Anweisungen geben und ausführen; Grammatik: Imperativ, Ortsadverbien

MATERIAL: Tücher; großer Unterrichtsraum

UNTERRICHTSVERLAUF:

1. Wiederholen Sie mit der Klasse folgende Redemittel:

Drehe dich/Drehen Sie sich nach rechts.
Drehe dich/Drehen Sie sich nach links.
Geh/Gehen Sie ganz geradeaus weiter.
Stopp! Halte/Halten Sie hier.
Dreh dich/Drehen Sie sich um.
Geh/Gehen Sie zwei Schritte zurück.
Geh/Gehen Sie noch einen Schritt vorwärts.

Je nach Lernniveau können Sie weitere Wörter einführen, die für die Übung (siehe Punkt 3) nützlich sind.

2. Schieben Sie die Möbel an die Wand und lassen Sie nur wenige Gegenstände (kleine Tische, Stühle) als Hindernisse in der Mitte stehen. Bitten Sie die Lerner sich einen Partner zu suchen und sich an den Wänden aufzustellen. Einer der Partner verbindet sich mit einem Tuch die Augen; die Aufgabe des andern ist es, ihn/sie durch entsprechende Anweisungen (vgl. Punkt 1) auf die gegenüberliegende Seite des Raums zu führen, ohne dass er/sie irgendein Möbelstück streift. Wenn die Partner auf der gegenüberliegenden Seite des Raums angekommen sind, werden die Rollen getauscht.

3. Gegebenenfalls kann auch ein Bewertungssystem eingeführt werden: Der „Führende" erhält jeweils einen Punkt, wenn der „Geführte" die Anweisung missachtet und ein Hindernis berührt, der „Geführte" hingegen, wenn der „Führende" eine falsche Anweisung gibt und ihn dadurch an ein Möbelstück stoßen lässt.

12

NIVEAU: ✶

LERNZIELE: Bilder beschreiben; Wortschatz: Wohnen, Farbbezeichnungen (Variante mit Wortschatz: Natur)

VORBEREITUNG:

Kopieren Sie die Zeichnungen auf Seite 25 zweimal und zerschneiden Sie die Blätter so, dass Sie 16 Vignetten erhalten, von denen je zwei identisch sind. (Wenn Sie die Farbbezeichnungen üben wollen, malen Sie die Vignetten mit Buntstiften an.)

UNTERRICHTSVERLAUF:

1. Zeigen Sie der Klasse einige Vignetten und erläutern Sie, dass Sie diese nun verteilen werden und dass es darum geht, durch Fragen und Antworten herauszufinden, wer die gleichen Vignetten besitzt. Erst wenn sich die Partner gefunden zu haben glauben, dürfen die Vignetten gezeigt und verglichen werden.

2. Bevor die Lerner mit der Suche beginnen, üben Sie mit ihnen die erforderlichen Redemittel, z.B.:
Hat dein/Ihr Haus einen Garten?
Ja./Nein.

Sind auf deinem/Ihrem Bild Bäume?
Ja./Nein.

Sind die Bäume rechts oder links?
Sie sind rechts/links.

Wie viele Stockwerke hat das Haus?
Zwei./Drei.

Hat dein/Ihr Haus eine Garage?
Ja./Nein.

Welche Farbe hat das Dach?
Es ist rot/grün.

Wie viele Fenster hat das Haus?
Vier./Sechs.

Hat das Haus einen rauchenden Kamin?
Ja./Nein.

Ist dein/Ihr Bild identisch mit meinem.
Nein, es ist verschieden.

3. Überprüfen Sie, ob die Lerner die Spielregeln verstanden haben, und verteilen Sie dann die Vignetten.

4. Sagen Sie den Lernern, dass sie sich, wenn sie ihren Partner oder ihre Partnerin gefunden haben, nebeneinander setzen sollen, da sie die nächste Übung zusammen erarbeiten werden.

VARIANTE:
Dieselbe Übung lässt sich mit anderen Themenbereichen durchführen. Vgl. z.B. die Kopiervorlage zum Thema „Natur" auf Seite 26.

13

NIVEAU: ✶

LERNZIELE: landeskundliche Informationen austauschen und zusammenfassen

VORBEREITUNG:

Kopieren Sie die Sätze von Seite 28 und zerschneiden Sie das Blatt so, dass auf jedem Streifen ein Satz zu stehen kommt. Achten Sie darauf, dass Sie für jeden Teilnehmer mindestens einen Streifen zur Verfügung haben.

UNTERRICHTSVERLAUF:

1. Verteilen Sie die Streifen mit den Sätzen. Wenn Sie mehr Streifen als Teilnehmer haben, können Sie einigen Teilnehmern auch zwei Streifen geben. Haben Sie weniger Streifen als Teilnehmer, lassen Sie jeweils zwei Lerner an einem Streifen arbeiten. Bei großen Klassen empfiehlt es sich, zwei oder drei Gruppen (mit jeweils gleichem Material) zu bilden.

2. Sagen Sie den Lernern, dass sie sich den Inhalt ihres Satzes merken, aber nicht an andere weiterleiten sollen. Dabei ist es nicht wichtig, den genauen Wortlaut zu behalten, es geht vielmehr um die im Satz enthaltene Information. Erklären Sie – jedem einzelnen – eventuell unbekannte Wörter. Lassen Sie es aber nicht zu, dass sich die Lerner Notizen machen. Sammeln Sie die Streifen anschließend ein.

3. Fordern Sie nun die Lerner auf umherzugehen und den anderen den Inhalt ihres Satzes mitzuteilen. Geben Sie nur spärliche Anweisungen. Lassen Sie den Lernern genug Zeit um die Informationen auszutauschen, aber überschreiten Sie nicht den Zeitpunkt, an dem sich Langeweile auszubreiten beginnt.

4. Fordern Sie die Lerner auf wieder ihre Plätze einzunehmen. Nun bitten Sie sie eine Zusammenfassung dessen zu machen, was sie an Informationen erhalten haben. Das kann in Einzelarbeit oder in Partnerarbeit geschehen.

5. Im Anschluss daran vergleichen die Lerner ihre Aufzeichnungen mit denen anderer Teilnehmer bzw. Paare. Schließlich wählt die Gesamtgruppe eine/n „Sekretär/in“, der/die eine gemeinsam zu erarbeitende Endversion an die Tafel schreibt. Wenn der Wunsch danach vorhanden ist, können Sie – zum Vergleich – Kopien der Originalversion verteilen.

VARIANTE:

Wenn Sie die Landeskunde der Schweiz und Österreichs in den Mittelpunkt stellen wollen, bieten sich die Sätze von Seite 29 als Kopiervorlage an.

Berlin hat ca. 3,5 Millionen Einwohner. Berlin liegt an der Spree.

Der größte deutsche Seehafen ist Hamburg, der größte Flughafen ist Frankfurt.

Die wichtigsten Parteien in der Bundesrepublik sind die CDU, die SPD, die FDP und die Grünen.

Mittenwald ist bekannt als Stadt der Geigenbauer.

Die besten Lebkuchen kommen aus Nürnberg.

Die Nordsee-Insel Helgoland gehört seit 1890 zu Deutschland.

Der Regierungschef in Deutschland ist der Bundeskanzler. Der erste deutsche Bundeskanzler war Konrad Adenauer.

Der höchste Berg in Deutschland ist die Zugspitze. Sie ist 2963m hoch.

Die deutschen Großlandschaften sind die Norddeutsche Tiefebene, die Mittelgebirgszone, das Süddeutsche Schichtstufenland, das Alpenvorland und die Alpen.

Die größten Flüsse Deutschlands sind die Donau und der Rhein.

Die berühmtesten deutschen Dichter sind Schiller und Goethe.

Deutschland gibt es seit 1871. Vorher gab es viele kleine Staaten.

Die „Beatles" begannen ihre Laufbahn in Hamburg.

Der Komponist Ludwig van Beethoven wurde in Bonn geboren.

Die Bundesrepublik Deutschland hat 16 Bundesländer.

In Bayreuth finden jedes Jahr die Wagner-Festspiele statt.

Die Loreley ist ein Felsen hoch über dem Rhein.

Der berühmteste Jahrmarkt in Deutschland ist das Oktoberfest in München.

Eine Spezialität der schwäbischen Küche sind Linsen und Spätzle.

Der Fußballspieler Franz Beckenbauer spielte lange für Bayern München.

Die Hauptstadt der Schweiz ist Bern.

Die Regierung der Schweiz heißt Bundesrat, Staatsoberhaupt ist der Bundespräsident.

Die größte Stadt der Schweiz ist Zürich.

Der Glacier-Express, ein berühmter Zug, fährt von St. Moritz nach Zermatt.

Die ersten Kantone der Schweiz waren Uri, Schwyz und Unterwalden.

In der Schweiz spricht man vier Sprachen: Deutsch, Italienisch, Französisch und Rätoromanisch.

Die großen europäischen Flüsse Rhein und Rhône entspringen in der Schweiz.

In der Schweiz bezahlt man mit Franken. Ein Franken sind 100 Rappen.

In der Schweiz wächst Wein bis in 600m Höhe.

Erst seit 1971 dürfen in der Schweiz auch Frauen wählen.

Die Hauptstadt von Österreich heißt Wien. Dort wohnen ca. 1,5 Millionen Einwohner.

Der Komponist Wolfgang Amadeus Mozart ist in Salzburg geboren.

Salzburg ist die Musikhauptstadt Österreichs.

Bis 1918 regierte ein Kaiser Österreich.

Ein Fünftel der Österreicher lebt in der Hauptstadt Wien.

In Österreich leben im Durchschnitt 93 Menschen auf einem Quadratkilometer.

In Österreich bezahlt man mit Euro. Ein Euro sind 100 Cent.

In der Wiener Hofburg befinden sich heute mehrere Museen und Ministerien.

1529 und 1683 belagerten die Türken Wien.

Der höchste Berg Österreichs ist der Großglockner mit 3798 Metern Höhe.

14

NIVEAU: ✶

LERNZIELE: Rechtschreibung und Aussprache der Laute [y], [ts], [k], [t], [p], [iː]

VORBEREITUNG:

Stellen Sie eine Liste von Wörtern zusammen, wobei jeweils 4 dieselbe Lautkombination aufweisen, z.B:

- *Physik/fünf/grüßen/Tür* – *Welt/Frankfurt/Kind/feindlich*
- *zwei/jetzt/Mütze/Zug* – *Opfer/gelb/absehbar/üblich*
- *Chor/Bäcker/Kuh/Hecke* – *Ski/Knie/politisch/fliehen*

oder kopieren Sie Seite 31 entsprechend ihrer Teilnehmerzahl.

UNTERRICHTSVERLAUF:

1. Schreiben Sie die Wörter in ungeordneter Reihenfolge an die Tafel – oder verteilen Sie die Kopien – und lassen Sie die Lerner die Wörter aussprechen. Sprechen Sie nie ein Wort vor, lassen Sie immer zuerst den Lerner sprechen. Stellen Sie sich dann hinter den jeweiligen Lerner und wiederholen Sie das Wort, so dass er/sie Ihre Stimme mit der korrekten Aussprache hört und sich dabei ganz auf den Klang konzentrieren kann.

2. Teilen Sie die Klasse in Kleingruppen und lassen Sie die Lerner die 6 „Quartette" finden bzw. in das leere Schema der Kopien eintragen. Gegebenenfalls können Sie die entsprechenden Lautgruppen in Lautschrift angeben. Gehen Sie dann umher und helfen Sie bei Ausspracheschwierigkeiten. Lassen Sie aber auch jetzt immer zuerst den Lerner sprechen.

3. Wenn die Gruppen ihre Arbeit beendet haben, bitten Sie jeweils eine/n „Sekretär/in" ein „Quartett" an die Tafel zu schreiben. Daraufhin lesen Sie alle Wörter in der von den Lernern zusammengestellten Gruppierung vor. Wenn es falsche Zuordnungen gibt, werden die Lerner dies aufgrund Ihrer Aussprache erkennen und korrigieren können. Sollte der Fehler nicht bemerkt werden, geben Sie an, wo das Problem liegt, möglichst ohne es direkt zu benennen.

4. Wenn die richtige Zuordnung an der Tafel steht, werden durch Brainstorming weitere Beispiele an die einzelnen Gruppen angefügt (z.B. *süß/Füße; Zebra/Ziege; Christine/Krach; Mund/Amt; Park/Erbschaft; Praline/Vieh)*.

5. Nun bilden die Lerner Sätze, die jeweils mindestens drei Wörter mit derselben Lautqualität enthalten, z.B.:
*F**ü**nf Ph**y**siker gr**ü**ßen. Vor der He**ck**e steht ein **Ch**or singender Bä**ck**er.*

Die Sätze können durchaus etwas konstruiert wirken. Wichtig ist, dass sie korrekt sind, da sie die Grundlage für Punkt 6 darstellen.

6. Jeder Lerner liest nun einen Satz vor, den die anderen in ihr Heft schreiben. Der Satz soll nicht öfter als zweimal vorgelesen werden. Daraufhin schreiben die Lerner der Reihe nach ihren Satz an die Tafel, so dass die anderen ihre Rechtschreibung überprüfen können. Nun lesen Sie die Sätze nochmals vor, damit sich die richtige Aussprache einprägt.

7. Zum Abschluss bitten Sie die Lerner je einen Satz auszuwählen, den sie gerne mit Emphase zum Ausdruck bringen möchten. Stellen Sie sich, wie bei Punkt 1, hinter den Lerner und nehmen Sie Ihre Korrektur diesmal insbesondere im Hinblick auf die Betonung und die Satzmelodie vor.

Physik	Kind	zwei	Knie
politisch	Opfer	Chor	absehbar
Zug	fünf	Welt	feindlich
Hecke	jetzt	Kuh	Mütze
Frankfurt	grüßen	gelb	Ski
fliehen	Bäcker	üblich	Tür

1				
2				
3				
4				
5				
6				

15

NIVEAU: ✶

LERNZIELE: Liedtext rekonstruieren

MATERIAL: Lied auf Kassette, Kassettenrekorder; Liedtext, dünner Karton

VORBEREITUNG:

Wählen Sie ein geeignetes, relativ kurzes Lied aus: Der Liedtext sollte den Lernern nicht bekannt sein, ihrem Lernniveau aber in etwa entsprechen. Schreiben Sie den Text, Zeile für Zeile, auf einen dünnen Karton. Machen Sie davon einige Kopien (etwa für je 3 Lerner eine Kopie). Dann schneiden Sie die kopierten Texte in Streifen, wobei auf jedem Streifen eine Liedzeile zu stehen kommt. Sortieren Sie die Streifen so, dass jedes Set den kompletten Liedtext enthält.

UNTERRICHTSVERLAUF:

1. Geben Sie jeder Gruppe (je 3 Personen) ein gut gemischtes Set von Streifen. Es ist nun Aufgabe der Lerner, die richtige Reihenfolge herauszufinden.

Unbekanntes Vokabular kann vorher eingeführt oder aber auch dann erklärt werden, wenn Schwierigkeiten auftreten.

2. Spielen Sie das Lied zunächst so leise vor, dass die Worte nicht verstanden werden können. Spielen Sie es wiederholt vor und erhöhen Sie die Lautstärke nach und nach.

Die Übung funktioniert dann am Besten, wenn es für die Lerner ein wenig zu schwierig ist, den Text zu verstehen und das Lied in dem Augenblick deutlich vernehmbar wird, in dem die Aufmerksamkeit der Zuhörer nachzulassen beginnt. Plötzlich wird dann den Lernern klar, dass sie die Worte tatsächlich verstehen können, wenn sie aufmerksam zuhören.

3. Wenn alle Gruppen die Anordnung ihrer Streifen mit Hilfe des Liedes überprüft haben, sammeln Sie die Streifen ein. (Sie können sie in einem anderen Kurs wieder verwenden).

Wenn möglich, verteilen Sie nun Kopien des kompletten Liedtextes oder die Lerner diktieren Ihnen den Text und Sie schreiben ihn an die Tafel. Geben Sie den Lernern dann auch die Gelegenheit den Text abzuschreiben.

Nun erklären Sie alles, was sprachlich oder inhaltlich noch nicht ganz verständlich ist. Abschließend singen Sie das Lied mit der Gruppe, wobei gegebenenfalls auch ein Teilnehmer die Leitung übernehmen kann.

16

NIVEAU: ✶

LERNZIELE: Spiel – Wortschatzwiederholung (Körperteile)

Diese Übung mit Spielcharakter erfordert Aufmerksamkeit und Konzentration, macht aber großen Spaß. Es darf allerdings nicht übersehen werden, dass es sich um eine Wiederholungsübung handelt und dass die Bezeichnungen für die Körperteile bereits bekannt sein müssen. Es ist davon abzuraten, diese Übung zur Einführung des Wortschatzes zu verwenden, da dadurch allzu große Verwirrung entstehen könnte.

UNTERRICHTSVERLAUF:

1. Zur Einstimmung in die Übung zeichnen Sie die Umrisse einer menschlichen Gestalt an die Tafel. Schreiben Sie Wörter wie *Hand, Fuß, Auge* etc. neben die betreffenden Körperteile und bitten Sie die Klasse weitere Begriffe zu nennen, die Sie dann an die entsprechende Stelle der Zeichnung schreiben.

2. Bitten Sie nun einen Lerner an die Tafel zu kommen und mit Ihnen zusammen vorzuzeigen, wie die Übung durchzuführen ist. Sie übernehmen die Rolle von A, der Lerner die Rolle von B:

A berührt seinen/ihren Ellbogen und sagt: *Das ist meine Nase.*

B muss nun darauf reagieren, indem er/sie sich an die Nase fasst und sagt: *Das ist mein Ellbogen.*

Nun ist B an der Reihe, zeigt auf seinen/ihren Kopf und sagt: *Das ist mein Fuß.* A zeigt auf seinen/ihren Fuß und sagt: *Das ist mein Kopf.*

Vergewissern Sie sich, dass alle verstanden haben, worauf es ankommt.

3. Teilen Sie nun die Klasse in Zweiergruppen und lassen Sie die Lerner möglichst viele Beispiele mit komischen Kombinationen finden. Ziel der Übung ist es, sich die Wörter durch ihre häufige Wiederholung einzuprägen.

17

NIVEAU: ✶

LERNZIELE: Spiel – Fragen stellen; Wortschatz

Es geht hier darum, einen „Trick“ herauszufinden, der darin besteht, dass der Anfangsbuchstabe des Namens des jeweiligen Lerners die Grundlage für die Bildung von neuem Vokabular darstellt.

Das setzt allerdings voraus, dass die *Vornamen* der Teilnehmer bekannt sind und dass der *Wortschatz* der Lerner bereits so groß ist, dass sie auch Wörter mit selteneren Anfangsbuchstaben assoziieren können.

UNTERRICHTSVERLAUF:

1. Erklären Sie den Lernern, dass es hier um ein Spiel geht und dass sie sich vorstellen sollen, eine schwierige Expedition zu unternehmen, für die nur wenig Gepäck zulässig ist. Daher muss jeweils nachgefragt werden, ob dieses oder jenes mitgenommen werden darf.

Beispielsweise fragt **B**eate: *Darf ich ein Taschentuch mitnehmen?*, und sie wird die Antwort erhalten: *Nein, du darfst/Sie dürfen nicht.* Hätte sie Gegenstände wie ***B****luse,* ***B****adeanzug,* ***B****echer* etc. vorgeschlagen, wäre die Antwort positiv gewesen, da diese Dinge mit dem ersten Buchstaben ihres Vornamens beginnen.

2. Während die Lerner reihum die Fragen stellen, antworten vorerst Sie als Kursleiter mit *ja* und *nein*. Nach und nach werden die Lerner den Trick durchschauen und Ihnen bei der Beantwortung der Fragen helfen.

18

NIVEAU: ✶

LERNZIELE: Spiel – Üben von Zahlen, rechnen

MATERIAL: Würfel (3 pro Kleingruppe; z.B. 20 Lerner = 5 Kleingruppen à 4 Lerner = 15 Würfel)

UNTERRICHTSVERLAUF:

1. Malen Sie die Zeichen für die Grundrechenarten (**+**, **–**, **x**, **:**) an die Tafel. Verwenden Sie dann einige Minuten darauf, die Grundrechenarten einzuüben bzw. zu wiederholen, z.B:
2 plus 2 sind 4.
10 minus 7 sind 3.
5 mal 5 sind 25.
16 durch 2 sind 8.

2. Erklären Sie die Spielregeln (siehe unten). Geben Sie Beispiele, damit vor Beginn des Spiels allen klar ist, worum es geht.

3. Teilen Sie die Lerner in Gruppen von drei bis fünf Personen. In jeder Gruppe wird ein/e „Sekretär/in" bestellt, der/die die Spielleitung übernimmt, aber auch selbst am Spiel teilnehmen kann, wenn er/sie es möchte. Geben Sie jeder Gruppe drei Würfel. Wünschen Sie den Spielern viel Glück und bitten Sie sie zu beginnen.

SPIELREGELN:

a) Die Spieler würfeln immer mit drei Würfeln (= ein Wurf).

b) Die gewürfelten Augen werden durch die Grundrechenarten (addieren, subtrahieren, multiplizieren, dividieren) so miteinander verbunden, dass sich eine Zahl ergibt, die möglichst nahe an 15 herankommen soll, diese Zahl aber keinesfalls überschreiten darf; z.B:

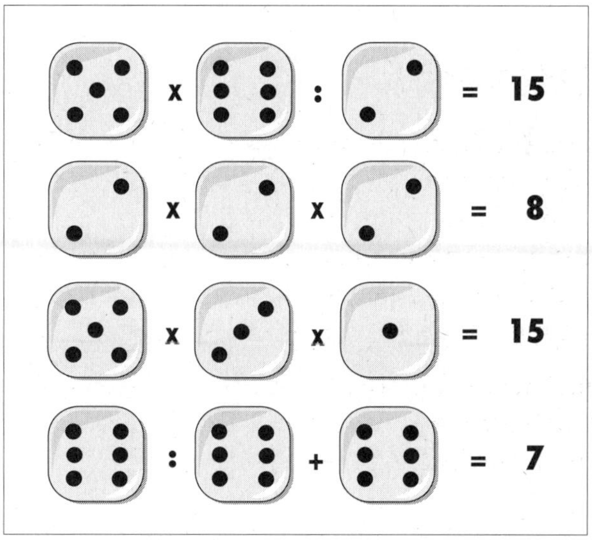

c) Jeder Spieler – gegebenenfalls auch der/die „Sekretär/in" – führt Buch über die bei jedem Wurf erreichte Endzahl. Ziel des Spieles ist es, die Gesamtzahl 100 zu erreichen. Wenn der erste Spieler dieses Ziel erreicht hat, können die anderen entscheiden, ob sie den zweiten und den dritten Platz ermitteln oder ein neues Spiel beginnen wollen.

19

NIVEAU: ✶ bis ✶✶✶

LERNZIELE: Erstellen von Dialogen (schriftlich und mündlich), begründen, spekulieren

MATERIAL: mehrere große Fotos (zwei Personen im Gespräch) oder vergrößerte Kopien der Fotos auf Seite 37 f.

UNTERRICHTSVERLAUF:

1. Bringen Sie die 6 bis 10 mitgebrachten Fotos so im Unterrichtsraum an, dass alle sie deutlich sehen können.

2. Die Lerner arbeiten in Paaren. Jedes Paar wählt ein Foto aus, das die Grundlage für einen kleinen Dialog darstellt. Der Rest der Gruppe sollte nicht wissen, welches Foto ausgewählt wurde. Geben Sie den Paaren etwa fünf Minuten Zeit für die Erstellung des Textes und gehen Sie in der Zwischenzeit umher, um bei auftretenden Schwierigkeiten zu helfen und die sprachlichen Fehler zu korrigieren.

3. Abschließend lesen die Paare ihre Dialoge – mit verteilten Rollen – vor. Noch wirkungsvoller ist es, wenn die kleinen Szenen gespielt werden. Der Rest der Gruppe muss raten, welches Foto gewählt wurde und seine Annahme begründen.

Anmerkung:
Sollen Redemittel geübt werden, die sich gezielt auf bestimmte Sprechintentionen beziehen (z.B. jemanden begrüßen, jemanden einladen, argumentieren, eine Auseinandersetzung führen etc.), sind die Fotos entsprechend auszuwählen.

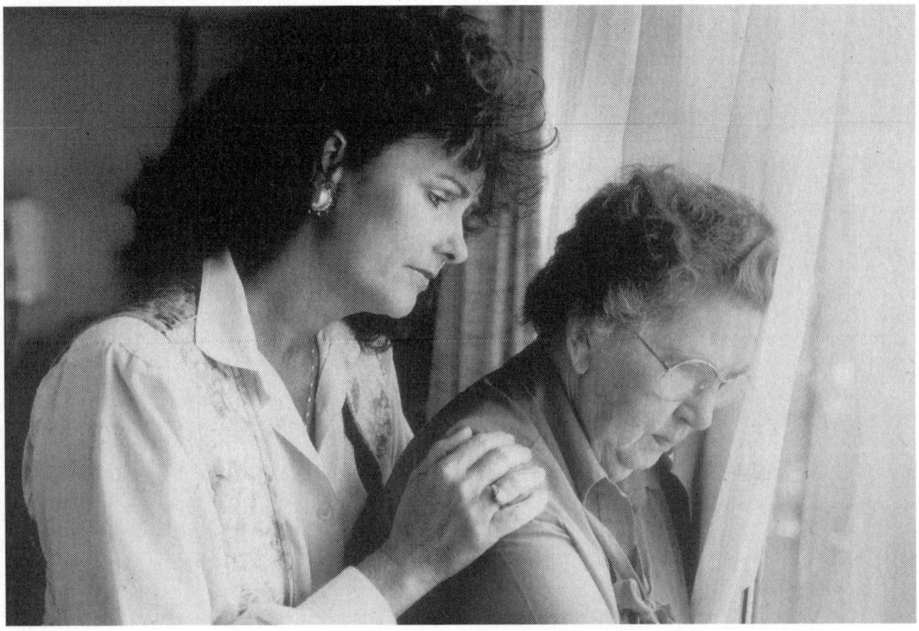

QUISNO
SUB

20

NIVEAU: ✶ bis ✶ ✶ ✶

LERNZIELE: Fragen stellen und beantworten; Bilder beschreiben

MATERIAL: Fotos aus Zeitschriften

VORBEREITUNG:

Schneiden Sie aus einer Zeitschrift drei Bilder aus, die relativ viele Details aufweisen (z.B. Wohnungseinrichtungen).

UNTERRICHTSVERLAUF:

1. Zeigen Sie der Klasse eines der Fotos 45 bis 60 Sekunden lang. Entfernen Sie es dann und stellen Sie Gedächtnisfragen nach folgendem Muster:
- *Welche Farbe hat ...?*
- *Was trägt die Person in der Bildmitte?*
- *Was ist hinten links?*

Passen Sie die Fragen dem Lernniveau der Klasse an. Gegebenenfalls zeigen Sie das Bild zwei- bis dreimal und stellen dann jeweils wieder neue Fragen.

2. Teilen Sie die Klasse in zwei Gruppen: A und B. Geben Sie jeder Gruppe ein Bild und fordern Sie sie auf je zwölf Verständnisfragen für die andere Gruppe vorzubereiten. In der Zwischenzeit gehen Sie umher und achten darauf, dass die Fragen sprachlich korrekt sind.

3. Gruppe A betrachtet nun das Bild von Gruppe B eine Minute lang. Dann stellt Gruppe B ihre Fragen, die von Gruppe A beantwortet werden. Für richtige Antworten werden Punkte vergeben und an der Tafel notiert. Das Frage- und Antwortspiel kann auf verschiedene Weise durchgeführt werden:

a) Die Fragen werden von den Mitgliedern der Gruppe B reihum gestellt und von Gruppe A (einzeln oder im Team) beantwortet.

b) Die Lerner arbeiten paarweise, und zwar so, dass jeweils ein Mitglied der Gruppe A von einem Mitglied der Gruppe B befragt wird. (Vorteil: jeder Lerner muss alle zwölf Fragen stellen bzw. beantworten und kommt daher mehr zum Sprechen.) Wenn so gearbeitet wird, ist es nötig, dass jeder Lerner die Fragen in schriftlicher Form vorliegen hat.

c) Jedes Mitglied von Gruppe B wählt zwei bis drei Fragen und stellt sie der Reihe nach an alle Mitglieder von Gruppe A. Wenn die Befragungen abgeschlossen sind, sollte Gruppe A jedenfalls die Möglichkeit erhalten das Bild nochmals zu sehen und zu überprüfen, was im Gedächtnis geblieben war und was nicht.

4. Nun werden die Rollen getauscht: Gruppe A fragt und Gruppe B antwortet (Wiederholung des Ablaufs ab Punkt 3).

Anmerkung:
Wenn die Bilder relativ einfach sind und ihr Inhalt sorgfältig ausgewählt wird, so dass keine allzu großen Wortschatzprobleme auftreten, kann diese Übung bereits im Anfängerunterricht eingesetzt werden. Die Fragen könnten dann etwa so lauten:
- *Ist auf dem Bild ein/eine ...?*
- *Wo ist der/die/das ...?*
- *Wie viele ... sind auf dem Bild?*

21

NIVEAU: ✶ bis ✶✶✶✶

LERNZIELE: Wortschatz

VORBEREITUNG:

Wählen Sie etwa 30 Wörter aus, die Sie mit den Lernern wiederholen möchten.

UNTERRICHTSVERLAUF:

1. Schreiben Sie fünf der Wörter, die geübt werden sollen, in folgender Anordnung an die Tafel:

die Möwe — der Stein

das Durcheinander

die Lampe — der Finger

Abb. 1

Fordern Sie nun die Gruppe auf Wortassoziationen zu bilden und dabei von den Ecken ausgehend auf die Mitte hin zu arbeiten, wobei an der Tafel beispielsweise folgendes Schema entstehen kann:

die Möwe — der Stein
das Meer — hart
der Strand — das Eisen
die Welle — das Feuer
der Sturm — der Vulkan

das Durcheinander

die Pistole — die Polizei
der Dieb — der Unfall
dunkel — verletzt
die Lampe — der Finger

Abb. 2

2. Geben Sie den Lernern die Liste der Wörter, die Sie zur Wiederholung ausgewählt haben. Aus dieser Liste lassen Sie fünf beliebige Wörter auswählen und – entsprechend Abb.1 – auf ein Blatt Papier schreiben. Dann trägt jeder Lerner seine individuellen Assoziationen ein (vgl. Abb. 2).

3. Nach etwa 10 bis 15 Minuten beenden die Lerner die Übung und vergleichen ihre Ergebnisse.

22

NIVEAU: ✶✶

LERNZIELE: über sich berichten, spekulieren

Diese Übung versteht sich als „Eisbrecher" zu Beginn eines neuen Kurses, sie kann aber auch später eingesetzt werden.

UNTERRICHTSVERLAUF:

1. Es wird paarweise gearbeitet. Die Lerner können sich selbst ihren Partner suchen oder Sie bestimmen, wer mit wem zusammenarbeitet. Letzteres empfiehlt sich insbesondere dann, wenn sich die Teilnehmer noch wenig kennen und Schwierigkeiten haben von sich aus aufeinander zuzugehen.

2. Erklären Sie den Lernern, dass sie ihrem Partner etwas über sich selbst erzählen sollen. Dabei können sie nach Belieben viel oder wenig Persönliches preisgeben. Wichtig ist aber, dass etwa 75% dessen, was sie sagen, *nicht* wahr ist.

Der Ablauf geht so vor sich: Während der eine Partner spricht, macht sich der andere Notizen. Daraufhin werden die Rollen getauscht.

3. Die Lerner wiederholen diesen Vorgang drei- bis viermal mit jeweils unterschiedlichen Partnern. Jedem neuen Partner erzählen sie etwas anderes. Jedoch ist darauf zu achten, dass sie immer über dasselbe Thema (z.B. Hobbys, Familie, Beruf, Reisen) sprechen, d.h. sie erzählen zu *einem* Thema *verschiedene* „Lügengeschichten".

4. Nun wird – mit Hilfe der Notizen – im Plenum berichtet, was jeder einzelne in den verschiedenen Interviews über sich erzählt hat. Dabei treten natürlich Widersprüche zu Tage und es muss spekuliert werden, wo der „wahre Kern" liegt.

5. Abschließend erzählt jeder soviel „Wahrheit" über sich selbst, wie er möchte.

23

NIVEAU: ✶✶

LERNZIELE: persönliche Fragen stellen und beantworten

Diese Übung sollte zu einem Zeitpunkt eingesetzt werden, da die Lerner noch nicht allzu viel faktisches Wissen über einander haben. Andererseits muss eine offene Atmosphäre herrschen und echte Kommunikationsbereitschaft gegeben sein.

UNTERRICHTSVERLAUF:

1. Sagen Sie den Lernern, dass Sie bereit sind Fragen zu Ihrer Person zu beantworten, und bitten Sie sie zehn möglichst persönliche Fragen schriftlich zu formulieren.

2. Während die Lerner ihre Fragen zu Papier bringen, gehen Sie umher und helfen jedem einzelnen bei der Formulierung. (Dabei soll sich Ihre Hilfe und Korrektur jeweils nur auf den letzten Satz beziehen; denn, wenn der Lerner beispielsweise gerade den Satz Nr. 7 formuliert, so kann ein Fehler im ersten Satz für ihn emotional meilenweit entfernt sein!)

3. Wenn jeder Teilnehmer 8 bis 10 Fragen niedergeschrieben hat, wählen Sie einige Lerner aus, für die Sie besondere Sympathie empfinden und von denen Sie glauben, dass auch sie sich in Sie einfühlen können. Bitten Sie sie im Halbkreis hinter Ihnen Platz zu nehmen, und zwar mit Blickkontakt zur Klasse. Sammeln Sie die Fragen dieser Personen ein und geben Sie sie den anderen Teilnehmern.

4. Nun sitzen Sie – ebenso wie die Personen im Halbkreis – der Klasse gegenüber und fordern diese auf, alle aufgezeichneten Fragen an Sie zu stellen. Sie selbst bleiben stumm; an Ihrer Stelle geben die Personen im Halbkreis die Antworten, von denen sie meinen, dass es auch Ihre Antworten wären.

Während des „Interviews“ vermeiden Sie den Augenkontakt mit den Fragestellern, reagieren aber durch Gesten (z.B. Kopfnicken) auf die Antworten Ihrer *Alter Egos*, so dass diese Ihnen „vom Rücken ablesen“ können, ob sie in Ihrem Sinne geantwortet haben.

Je stärker Sie sich auf Ihre non-verbalen Reaktionen konzentrieren, umso mehr Intensität und Spannung erhält die Übung.

5. Schließen Sie eine Feed-back-Runde an. Wie fühlten sich die *Alter Egos* bei der Beantwortung der an Sie gerichteten Fragen? Wie war es am Anfang, wie im Verlauf der Übung? Waren die Fragesteller mit den Antworten zufrieden?

6. Wenn die Lerner daran Interesse zeigen, kann die Übung mit einer anderen Person auf dem „heißen Stuhl“ wiederholt werden.

24

NIVEAU: ✶✶

LERNZIELE: Fragen stellen und beantworten

VORBEREITUNG:

Wählen Sie einen Lehrbuchtext (Geschichte, Dialog) aus, den die Lerner vor kurzem erarbeitet haben. Die Personen der Handlung (es kann sich auch um nur eine einzige Person handeln) sollten fiktive Gestalten sein. Bereiten Sie Fragen vor, die sich auf diese Person/en beziehen und deren Beantwortung nicht aus dem Text erschlossen werden kann.

UNTERRICHTSVERLAUF:

1. Vergeben Sie die entsprechende/n Rolle/n an einen bzw. mehrere Ihrer leistungsfähigsten Lerner und bitten Sie sie Ihre Fragen zu beantworten, die Sie wie ein eiliger Reporter auf die Interviewten herunterprasseln lassen. Wenn Sie mit Ihren vorbereiteten Fragen am Ende sind, erfinden Sie neue.

Hier ein Beispiel:

Sie: *Herr Müller, sind Sie verheiratet?*
Lerner X: *Ja.*
Sie: *Was machte Ihre Frau, als sie erfuhr, dass Susanne ...?*
Lerner X: *Nun, sie ging zu ihr und ...*
Sie: *Ist das wahr, Susanne?*
Etc.

2. Sobald die Spielregeln bekannt sind, lassen Sie einzelne Lerner die Rolle des Reporters übernehmen. Zum Abschluss bietet sich eine Diskussion darüber an, wie überzeugend die Antworten gewirkt haben und wie die anderen Teilnehmer die Fragen beantwortet hätten.

Anmerkung:
Beim ersten Durchgang übernimmt der Kursleiter die Rolle des Interviewers, damit die Fragen möglichst weit vom Text wegführen und die Lerner gezwungen werden die Antworten in ihrer Fantasie zu suchen. Wenn diese Übung öfter eingesetzt wird, bekommen alle Lerner die Chance einmal Interviewer oder Interviewter zu sein.

25

NIVEAU: ✶✶
LERNZIELE: beschreiben, beurteilen und begründen
MATERIAL: alte Zeitschriften

UNTERRICHTSVERLAUF:

1. Bringen Sie einen Stapel alter Zeitschriften mit und fordern Sie die Lerner auf sie in den nächsten 15 Minuten durchzublättern und dabei besonders auf die Werbeanzeigen zu achten.

2. Nun wählt jeder Lerner eine Anzeige aus
- die ihm/ihr gut gefällt,
- die er/sie gar nicht leiden mag,
- die er/sie werbewirksam findet,
- die er/sie für misslungen erachtet.

3. Regen Sie nun ein Gespräch über die ausgewählten Anzeigen an: Fordern Sie die Lerner auf ihre Wahl zu begründen und sich mit Kommentaren und Fragen an der Besprechung der von anderen gewählten Anzeigen zu beteiligen.

Gegebenenfalls können Sie geeignete Redemittel vorgeben, z.B:
Die Anzeige gefällt mir, weil ...
Die Anzeige gefällt mir nicht, weil ...
Ich finde sie ...
Meiner Meinung nach ...
Mir scheint ...
Ich würde sagen ...

4. Schreiben Sie einige Werbeslogans an die Tafel, die sich aus Punkt 3 ergeben und die Ihnen Gelegenheit bieten bestimmte sprachliche Phänomene zu bearbeiten. Vertiefen Sie diese Spracharbeit, indem Sie die von den Lernern ausgewählten Anzeigentexte zu Hilfe nehmen.

26

NIVEAU: ✶✶

LERNZIELE: Begründungen geben, Vermutungen anstellen

Diese Übung eignet sich insbesondere für Klassen, die schon länger zusammen arbeiten und in denen die Teilnehmer bereits eine Menge voneinander wissen.

UNTERRICHTSVERLAUF:

1. Teilen Sie die Klasse in 4er- bis 6er-Gruppen ein.

2. Jedes Gruppenmitglied schreibt 5 Wörter auf, die in irgendeiner Weise mit den Personen dieser Gruppe zu tun haben.

3. Jede Gruppe erstellt dann eine Liste mit allen von der Gruppe gesammelten Wörtern. Gemeinsam werden sodann 20% der Wörter (d.h. 4-6) gestrichen. Jeder Lerner schreibt die gekürzte Liste ab.

4. Er/Sie setzt nun neben jedes Wort auf der Liste eine Zahl zwischen 0 und 10, wobei 0 für „unwichtig, bedeutungslos“ und 10 für „äußerst wichtig“ steht. Die Zahl bezieht sich auf die eigene, persönliche Einschätzung des betreffenden Begriffs.

Nun wählt er/sie sich eine Person aus der Gruppe und setzt neben jedes Wort eine zweite Zahl, von der er/sie meint, dass sie der Beurteilung der betreffenden Person entspricht.

Beispielsweise mag ein Lerner neben das Wort *Fernseher* eine 3 setzen, weil er/sie persönlich lieber ein Buch liest, als zweite Zahl aber eine 8 vermerken, weil er/sie ein Gruppenmitglied gewählt hat, von dem er/sie weiß, dass es die Wochenenden häufig vor dem Bildschirm verbringt.

5. Die Ergebnisse werden nun im Plenum verglichen. Dazu können folgende Fragen gestellt werden:

Gibt es Wörter, die die ganze Gruppe hoch einschätzt?
Gibt es große Unterschiede in der Einschätzung?
Warum werden manche Dinge positiver gesehen als andere?
Wie sehen mich die anderen? Sehe ich mich auch so?

27

NIVEAU: ✶✶

LERNZIELE: über eigene Interessen sprechen, über ein Thema referieren; Wortschatz: Hobbys

UNTERRICHTSVERLAUF:

Erste Unterrichtsstunde:

1. Diskutieren Sie mit den Lernern über ihre Hobbys. Bitten Sie dann die Teilnehmer je drei Interessenbereiche auf ein Blatt Papier zu schreiben.

2. Gruppieren Sie nun die Lerner paarweise und fordern Sie die Zweiergruppen auf ihre Interessen zu vergleichen. Schließlich sucht sich jedes Paar ein anderes Paar um das Thema in einer Vierergruppe zu erörtern. Sie gehen in der Zwischenzeit umher und notieren, welche Hobbys am meisten vertreten sind.

3. Nun wird in jeder Vierergruppe ein Sprecher bestimmt, der das Plenum über die Interessen der Gruppe informiert. Fordern Sie die Lerner auf sich nach Interessengebieten zusammenzufinden. „Einzelgänger" suchen sich die Gruppe, mit der sie sich am ehesten identifizieren können.

4. Bis zum Ende der Unterrichtsstunde bereiten die jeweiligen Gruppen ein einführendes Gespräch vor, mit dem sie in einer der nächsten Unterrichtsstunden die Darstellung ihres Interessenbereichs einleiten werden. Lassen Sie die Gruppen selbst bestimmen, wann sie ihre Berichte abgeben wollen. Sollte es diesbezüglich Meinungsverschiedenheiten unter den Gruppenmitgliedern geben, greifen Sie vermittelnd ein.

Zweite Unterrichtsstunde:

5. Lassen Sie die Gruppen ihren Bericht zum vereinbarten Termin vortragen. Achten Sie jedoch darauf, dass nicht eine Person das Referat beherrscht, sondern sehen Sie zu, dass alle Gruppenmitglieder Gelegenheit zum Sprechen erhalten. Das Gespräch wird dann mit der ganzen Klasse fortgesetzt, wobei die anderen Teilnehmer sowohl Fragen an die Gruppe stellen als auch eigene Beiträge zum Thema liefern.

28

NIVEAU: ✶✶

LERNZIELE: Fragen stellen, über Vorurteile diskutieren; Wortschatz: Berufsbezeichnungen, Adjektive

MATERIAL: kleine Kärtchen oder Kopie der Seite 48

VORBEREITUNG:

1. Kopieren Sie die Seite 48 und zerschneiden Sie sie in „Kärtchen" oder stellen Sie selbst eine Liste von etwa 12 Berufsbezeichnungen zusammen. Achten Sie darauf, dass die Liste Berufe enthält, die sowohl positive als auch negative Assoziationen wecken.

UNTERRICHTSVERLAUF:

1. Zur Einstimmung in das Thema bitten Sie die Lerner möglichst viele Adjektive zu nennen, die auf Personen angewandt werden können (z.B. *freundlich, hart, empfindlich, stur, dumm, scheu, zerstreut, mutig, offen, zurückhaltend, ehrlich, misstrauisch, oberflächlich* etc.), und schreiben Sie sie an die Tafel. Versichern Sie sich, dass alle die Bedeutung dieser Adjektive kennen.

2. Teilen Sie die Klasse in Zweiergruppen und geben Sie jedem Paar ein Kärtchen. Nun wählen die Paare je 10 der an der Tafel stehenden Adjektive aus, von denen sie glauben, dass sie Eigenschaften bezeichnen, die für die Vertreter des betreffenden Berufs typisch sind.

3. Anschließend schlüpfen die beiden Partner in die Rolle „ihres" Berufs und stellen sich aufgrund der entsprechenden Eigenschaften vor. So kann beispielsweise das Paar mit dem Kärtchen *Fotomodell* sagen: *Wird sind vielleicht manchmal ein bisschen dumm und oberflächlich, aber das ist nur der erste Eindruck. Im Grunde sind wir sehr sensibel und haben eine künstlerische Neigung.* Notieren Sie die Klischees, die zu Tage treten (vgl. Punkt 5).

4. Während sich die Paare auf diese Weise vorstellen, versucht der Rest der Klasse den Beruf zu erraten. Die Fragen können etwa so gestellt werden:
Arbeitet ihr im Theater?
Müsst ihr gut singen können?

Geantwortet werden darf nur mit *ja, nein* oder *manchmal.*

5. Wahrscheinlich werden die üblichen Klischees vom oberflächlichen Fotomodell und unehrlichen Politiker auftauchen. Das kann für Sie eine willkommene Gelegenheit sein eine Diskussion über Art und Entstehung von Vorurteilen einzuleiten.

Zur Einführung in die Thematik bitten Sie die Lerner eine Liste von wohlbekannten Stereotypen zusammenzustellen. Anschließend schlagen Sie ihnen vor darüber nachzudenken, welche Menschen sie kennen, die den angesprochenen Personengruppen angehören. Stimmt das Stereotyp mit dem Erscheinungsbild der betreffenden Person überein?

ZAHNÄRZTIN

MALER

METZGER

KELLNER

FOTOMODELL

SEKRETÄRIN

PFARRER

POLIZIST
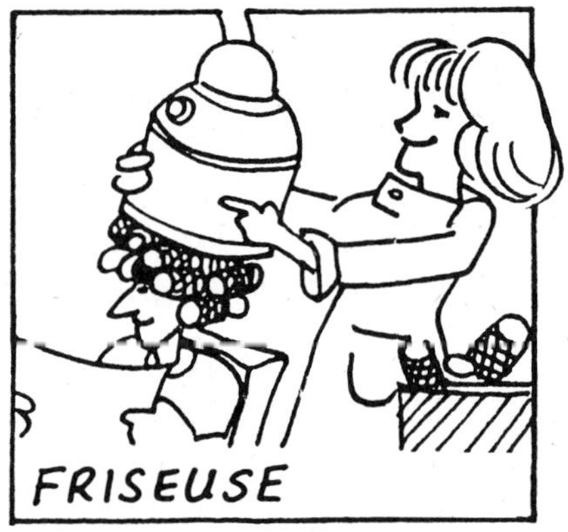
FRISEUSE

RICHTER

POLITIKER

LEHRERIN

29

NIVEAU: ✶✶

LERNZIELE: Fragen stellen und beantworten; Grammatik: Perfekt, Zeitangaben

UNTERRICHTSVERLAUF:

1. Fragen Sie die Lerner reihum nach einem Vorkommnis aus jüngster Zeit, z.B. *Haben Sie in dieser Woche etwas eingekauft?*
Stellen Sie dazu folgende Fragen: *Was haben Sie gekauft? Wo? Wie viel haben Sie bezahlt?*
Oder Sie fragen: *Wann haben Sie zum letzten Mal telefoniert?* Und Sie fügen hinzu: *Haben Sie oder hat man Sie angerufen? Telefonieren Sie gern? Wo ist in Ihrem Haus das Telefon? Wer telefoniert am meisten in Ihrer Familie?*

Lassen Sie den Lernern Zeit zum Nachdenken, aber achten Sie auf ein zügiges Tempo. Wenn nötig, können Sie durch eigene Beispiele manche Anregung geben. Machen Sie deutlich, dass der Aspekt „zum letzten Mal" die Grundlage für die Diskussion ist. Wenn ein Lerner sagt, dass er/sie sich an die letzte bezahlte Rechnung oder an den letzten Telefonanruf nicht erinnern kann (oder dass das eine allzu persönliche Sache gewesen sei), so gehen Sie auf ein anderes Thema über.

2. Sammeln Sie etwa 25 Beispiele und schreiben Sie sie an die Tafel oder auf ein Flip-Chart. Versuchen Sie die Lerner möglichst intensiv an der Erstellung dieser Liste zu beteiligen, aber achten Sie darauf, dass Sie eine gute Mischung von mehr allgemeinen und eher persönlichen Fragen bekommen. Hier eine Reihe von Beispielen:
- *etwas kaufen*
- *ein Buch lesen*
- *überrascht sein*
- *jemanden einladen*
- *einen Brief schreiben*
- *etwas schenken*
- *einen Film sehen*
- *verreisen*
- *auswärts essen*
- *sich ärgern*
- *jemanden küssen*
- *einen Fehler begehen*
- *etwas vergessen*
- *lügen*
- *in einem Hotel schlafen*
- *in die Kirche gehen*
- *ins Theater gehen*
- *etwas verlieren*
- *etwas versprechen*
- *im Ausland sein*

3. Die Lerner arbeiten nun paarweise. Jedes Paar wählt 12 der aufgelisteten Themen aus um darüber zu sprechen. Wenn die Partner einzelne Punkte intensiver besprechen möchten, so können auch weniger Themen behandelt werden. Ebenso ist es möglich, eine größere Anzahl von Themen zu streifen, wenn kein Bedürfnis besteht ins Detail zu gehen. Jedenfalls liegt die Entscheidung bei den Lernern, die somit selbst bestimmen, wie distanziert oder wie persönlich die einzelnen Themen behandelt werden sollen.

4. Nun diskutieren die Paare über die von ihnen ausgewählten Themen.

30

NIVEAU: ✶✶

LERNZIELE: Grammatikarbeit (nach Wahl der Lerner)

MATERIAL: Kärtchen in Postkartengröße

VORBEREITUNG:

Überlegen Sie, welche Grammatikprobleme Sie wiederholen möchten und schreiben Sie je eines – klar formuliert und für alle Lerner verständlich – auf ein Kärtchen. Gegebenenfalls geben Sie zur Verdeutlichung ein Beispiel an.

UNTERRICHTSVERLAUF:

1. Bitten Sie je 6 Lerner sich in einen Stuhlkreis zu setzen, und geben Sie jedem Teilnehmer ein Kärtchen. Achten Sie darauf, dass auf jedem Kärtchen ein anderes Grammatikproblem verzeichnet ist und dass die Lerner den Inhalt ihres Kärtchens für sich behalten.

2. Schlagen Sie nun jeder 6er-Gruppe ein Diskussionsthema vor (z.B. Urlaubsplanung, Vorbereitung eines Kindergeburtstags etc.), das die Teilnehmer interessiert.

3. Die Diskussion geht nun so vor sich, dass sich die Teilnehmer zum Thema äußern und dabei jeweils die auf ihrem Kärtchen angegebene Struktur verwenden.

Hier ein Beispiel: Auf Roberts Kärtchen steht *Perfekt*, auf Natalias Kärtchen *Possessivpronomen*. Das Diskussionsthema lautet: *Ferien in den Bergen*.

Robert könnte sagen: *Dieses Jahr habe ich die Ferien in den Bergen verbracht und habe beschlossen: nie mehr.*

Und Natalias Beitrag könnte lauten: *Ich würde gern nach Griechenland ans Meer fahren. Aber mein Mann möchte in die Schweiz gehen und meine Tochter möchte ihre Freundin einladen und zwei Wochen in unserem Haus verbringen.*

4. Helfen Sie, wo es nötig erscheint, lassen Sie aber die Lerner sich gegenseitig korrigieren, soweit dies möglich ist. Brechen Sie die Übung nach 5 bis 10 Minuten ab.

Nun sollen die Lerner sagen, welche Strukturen die anderen ihrer Meinung nach wiederholt benutzt haben.

5. Wenn entsprechendes Interesse vorhanden ist, können die Lerner ihre Kärtchen austauschen, ein neues Diskussionsthema wählen und die Übung wiederholen.

31

NIVEAU: ✶ ✶

LERNZIELE: Gegenstände beschreiben, Vermutungen anstellen; begründen

MATERIAL: große Tasche, Beutel oder Korb

UNTERRICHTSVERLAUF:

1. Legen Sie einen persönlichen Gegenstand in den Behälter ohne zu zeigen, was es ist. Bitten Sie nun die Lerner dasselbe zu tun, während Sie den Behälter herumreichen.

(Bei Klassen unter 7 Teilnehmern empfiehlt es sich, dass jeder Lerner zwei Gegenstände abgibt.)

2. Schütten Sie nun den Inhalt vorsichtig (!) auf einem Tisch aus oder nehmen Sie die Gegenstände nach und nach aus dem Behälter heraus. Sagen Sie den Lernern, dass sie jetzt nicht ausplaudern sollen, wem was gehört.

3. Besprechen Sie nun jeden Gegenstand einzeln. Lassen Sie ihn genau beschreiben und benennen. Schreiben Sie das anfallende Vokabular an die Tafel.

4. Sagen Sie den Lernern, dass es nun ihre Aufgabe ist festzustellen, was wem gehört. Um Vermutungen auszudrücken, können Redemittel wie folgende angeboten werden:
Ich nehme an, dass dieses Armband von ... ist.
Ich glaube, ...
Ich denke, ...
Ich vermute, ...
Ich bin sicher, ...

Achten Sie darauf, dass jeweils auch Begründungen für die Annahmen gegeben werden. Die angesprochenen Personen antworten jeweils mit:
Ja, es ist meines. Oder: *Nein, es ist nicht meines.*

Die Übung ist beendet, wenn alle Gegenstände zu ihrem Eigentümer zurückgekehrt sind.

32

NIVEAU: ✶✶

LERNZIELE: Wortschatzarbeit

VORBEREITUNG:

Formulieren Sie Definitionen, die auf bestimmte Dinge gleichermaßen zutreffen (vgl. Punkt 4).

UNTERRICHTSVERLAUF:

1. Erklären Sie, was unter diesen Definitionen zu verstehen ist und geben Sie einige Beispiele: *Was haben der Himmel, Jeans, das Meer und ein Saphir gemeinsam? (Alle sind blau.)*

2. Bitten Sie zwei Kursteilnehmer nach vorne zu kommen und sich mit dem Rücken zur Tafel aufzustellen. Schreiben Sie nun beispielsweise an die Tafel: *Dinge, die man öffnet und schließt* und lassen Sie die Klasse Beispiele nennen (wie z.B. eine *Tür,* den *Mund,* ein *Geschäft,* eine *Bank,* ein *laufendes Konto* etc.), die Sie ebenfalls an die Tafel schreiben.

3. Nach einigen Minuten löschen Sie die Definition, so dass nur noch die einzelnen Wörter an der Tafel stehen. Bitten Sie nun die beiden Lerner, die nach vorne gekommen waren, sich umzudrehen und herauszufinden, was die aufgelisteten Wörter gemeinsam haben. Sie können Fragen stellen und Vermutungen äußern. Wenn das Raten ins Stocken gerät, helfen Sie mit einigen Beispielen nach; lassen Sie aber die Lerner nicht um das Vergnügen kommen „die Nuss zu knacken“.

4. Wiederholen Sie das Spiel mit einem anderen Lernerpaar und anderen Definitionen. Hier sind einige Beispiele:
Dinge, die nur paarweise vorkommen
Dinge, die man nicht kaufen kann
Dinge, die man im Kühlschrank aufbewahrt
Dinge, die Angst hervorrufen
Dinge, die unsichtbar sind
Dinge, die sich in einem Büro befinden
Dinge, die einen speziellen Geruch besitzen
Dinge aus Glas
Dinge in der Küche

5. Wenn entsprechendes Interesse besteht, können Sie weitere Definitionen von den Lernern finden lassen. Schreiben Sie die Beispiele an die Tafel. Teilen Sie dann die Klasse in Kleingruppen und geben Sie 10 Minuten Zeit, damit die Lerner zu 2 bis 3 Definitionen entsprechende Beispiele finden.

6. Ein/e Sprecher/in trägt dann die zu den einzelnen Definitionen gefundenen Wörter im Plenum vor.

33

NIVEAU: ✶✶

LERNZIELE: Begriffe umschreiben, definieren; Wortschatzwiederholung

MATERIAL: Kärtchen in Postkartengröße

VORBEREITUNG:

Schreiben Sie auf jedes Kärtchen 5 Wörter, die nach einem von Ihnen gewählten Kriterium zusammenpassen. Sie benötigen für jeden Lerner ein Kärtchen. Wenn die Teilnehmerzahl sehr groß ist, lassen Sie in Paaren arbeiten; Sie benötigen dann nur ein Kärtchen für je zwei Lerner. Achten Sie darauf, dass sowohl die Kategorien als auch die einzelnen Wörter bekannt sind. Hier einige Beispiele:

Wörter, die mit „l" anfangen	Dinge, die rot sind	Flüssigkeiten
Land	Blut	Wasser
Laden	Feuer	Blut
Leben	Kirsche	Wein
Lehrer	Tomate	Benzin
Luft	Lippenstift	Milch

UNTERRICHTSVERLAUF:

1. Geben Sie jedem Lerner bzw. Paar eine Karte und 5 Minuten Vorbereitungszeit um sich zu überlegen, wie sie diese fünf Wörter der Klasse beschreiben können. Die Beschreibung soll möglichst knapp und präzise sein. Gesten sind nicht erlaubt.

2. Nach Ablauf der Vorbereitungszeit umschreiben die Lerner – wie in Punkt 1 dargestellt – ihre Begriffe und der Rest der Klasse versucht sie zu erraten und anschließend auch die Kategorie zu bestimmen, der sie angehören.

VARIANTE:
Wenn Sie dem Spiel mehr Wettbewerbscharakter verleihen möchten, teilen Sie die Klasse in zwei Gruppen und vergeben Sie Punkte für richtige Antworten.

34

NIVEAU: ✶✶
LERNZIELE: beschreiben, Vermutungen anstellen, eine Geschichte erzählen; Grammatik: Perfekt
MATERIAL: Overheadprojektor

VORBEREITUNG:

Kopieren Sie die Zeichnungen von Seite 55 auf eine Folie.

UNTERRICHTSVERLAUF:

1. Wiederholen Sie mit den Lernern die Redemittel, die verwendet werden um eine Vermutung auszudrücken, z.B.:
Ich vermute, dass ...
Ich nehme an, dass ...
Mir scheint, dass ...
Ich glaube, dass ...
Meiner Meinung nach ...
Wahrscheinlich ...
Vielleicht ... etc.

2. Legen Sie die Folie auf den Overheadprojektor und decken Sie sie so ab, dass nur Bild 1 sichtbar ist. Fordern Sie die Lerner auf zu sagen, was sie sehen. Mögliche Antworten sind z.B.:
Da ist jemand im Bett.
Ich sehe einen Mann, der schläft.

3. Nun fragen Sie die Lerner, ob dieser Mann wirklich schläft oder ob man vielleicht etwas anderes vermuten könnte:
Schläft er wirklich?

Geantwortet werden kann etwa so:
Vielleicht ist er tot.
Ich vermute, dass er sich ausruht.

4. Sammeln Sie möglichst viele korrekte Sätze und decken Sie dann nach und nach die Bilder 2 bis 5 auf. Verfahren Sie mit jedem Bild wie bei Bild 1 beschrieben. Versuchen Sie den Übungsablauf möglichst wenig zu steuern und der Fantasie der Lerner freien Lauf zu lassen. Geben Sie Ihre eigenen Ideen nur ein, wenn der Prozess ins Stocken gerät.

5. Lassen Sie zum Abschluss die Lerner (in Kleingruppen, im Plenum oder als Hausaufgabe) die Geschichte – samt Vorgeschichte – erzählen, die sich hinter dem Bild 5 verbergen könnte.

Mögliche Aussagen zu den Bildern:

Bild 2: *Ich nehme an, dass er verletzt ist. Vielleicht ist ihm die Vase auf den Kopf gefallen. Vielleicht ist er ohnmächtig geworden. Ich glaube, er ist traurig und schaut die Decke an.*

Bild 3: *Wahrscheinlich hat der Wind das Fenster geöffnet. Jemand hat ihn vielleicht mit der Vase verletzt. Möglicherweise hat er das Fenster geöffnet, damit frische Luft hereinkommt.*

Bild 4: *Vielleicht weint er. Meiner Meinung nach handelt es sich um ein Verbrechen. Ich nehme an, jemand hat ihn getötet.*

Bild 5: *Vielleicht hat ihn dieser Mann verletzt. Mir scheint, dass das Opfer nicht tot ist. Wahrscheinlich ist es in der Nacht passiert.*

Anmerkung:
Wenn Sie gut zeichnen können oder keinen Overheadprojektor zur Verfügung haben, können Sie die Bilder auch an die Tafel zeichnen.

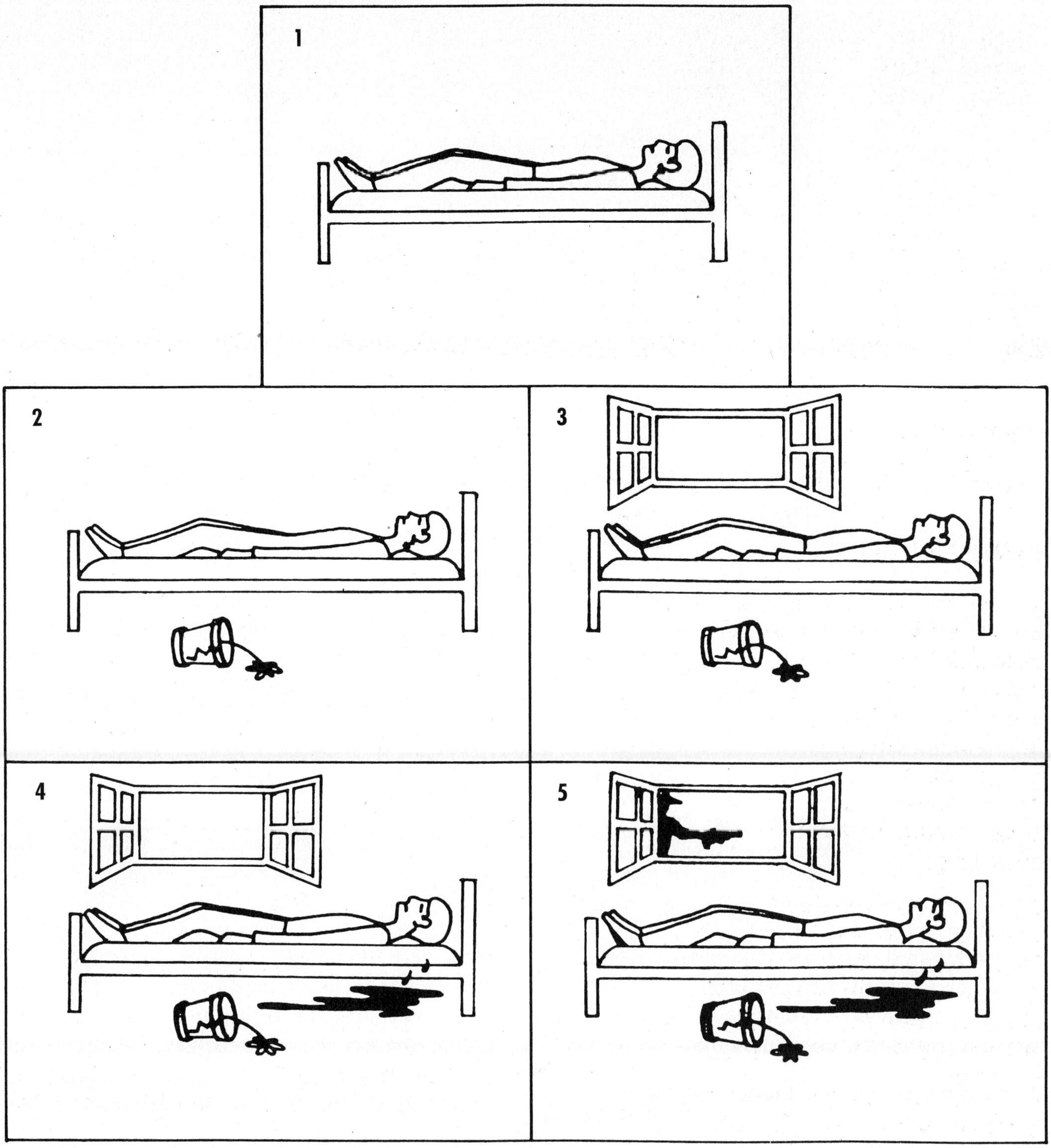
1
2
3
4
5

35

NIVEAU: ✶✶

LERNZIELE: Vermutungen anstellen, begründen, einen Brief schreiben; Handschriften entziffern

MATERIAL: zwei handgeschriebene Briefe oder Kopien von Seite 57 und 58; Personenfotos aus Zeitschriften

VORBEREITUNG:

Bereiten Sie zwei handgeschriebene Briefe vor (wobei einer die Antwort auf den anderen sein soll) oder kopieren Sie den Brief von Seite 57 mit dem entsprechenden Antwortbrief von Seite 58.

UNTERRICHTSVERLAUF:

1. Reichen Sie die Schreiben (Originale oder Fotokopien) herum und geben Sie den Lernern genügend Zeit zum Lesen. Da das Entziffern der Handschriften Schwierigkeiten bereiten kann, empfiehlt es sich, gegebenenfalls in Paaren zu arbeiten.

2. Diskutieren Sie den Inhalt der Briefe und die Situation, in der sie geschrieben wurden.

3. Lassen Sie nun die Lerner die Personen beschreiben, die diese Briefe verfasst haben. Über eine allgemeine Beschreibung hinaus sollen Vermutungen über den Lebensstil der Verfasser angestellt werden. Die Handschrift und die Ausdrucksweise lassen ebenfalls fantasievolle Spekulationen zu.

4. Verteilen Sie Personenfotos aus Zeitschriften und fordern Sie die Lerner auf Hypothesen aufzustellen, welche dieser Personen die Briefe geschrieben haben könnten, und ihre Annahmen zu begründen.

5. Im Anschluss an diese Übung bitten Sie die Lerner – gegebenenfalls als Hausaufgabe – einen Brief als Erwiderung auf das Antwortschreiben (vgl. Seite 58) zu verfassen. Sie sammeln diese Briefe in der nächsten Stunde ein. In der Stunde darauf verteilen Sie die von Ihnen korrigierten Briefe. Sie teilen die Klasse in 4er- oder 6er-Gruppen und lassen die Kleingruppen über Schreibstil, Schrift und Inhalte diskutieren. Sagen die verschiedenen Briefe etwas über die Persönlichkeit der Schreiber aus?

Berlin, den 24. Juni

Liebe Brigitte!

Seit vier Tagen bin ich nun in Berlin und habe fast nicht geschlafen. Diese Stadt ist atemberaubend schön. Hier ist immer etwas los. Ich bin richtig glücklich. Hurra! Ich habe Urlaub.

Das Wetter ist herrlich, nicht zu heiß und nicht zu kalt, ich war schon im Wannsee schwimmen.

Natürlich bin ich gleich am ersten Tag auf den Kudamm gegangen und habe mich in ein sündhaft teures Cafe gesetzt und den Leuten zugeschaut. Du kannst dir nicht vorstellen, wie viele verschiedene Nationalitäten da vorbeigehen.

Die Überreste der Mauer haben mich sehr beeindruckt, überhaupt ist es ein tolles Gefühl, durch das Brandenburger Tor zu gehen und sich die berühmten Museen auf der Museumsinsel anzuschauen ohne eine Grenze passieren zu müssen.

Sag mal, hast du nicht noch ein bisschen Urlaub? Komm doch auch, so teuer ist ein Flug nach Berlin nämlich gar nicht und hier gibt es billige Übernachtungsmöglichkeiten. Überleg' es dir und schreib mir bitte möglichst schnell.

Viele Grüße

dein Peter

Stuttgart, den 26. Juni

Lieber Peter,

wie schön, dass es dir in Berlin so gut gefällt. Hier ist es fast unerträglich heiß und meine Arbeit geht mir auf die Nerven. Wir haben so viel zu tun, dass man kaum zu sich selbst kommt.

Ich kann mir in der nächsten Woche den Montag und Dienstag freinehmen und würde Freitagabend mit der letzten Lufthansa-Maschine um 19.35 Uhr in Berlin eintreffen. Könntest du dich bitte um ein Zimmer kümmern?

Ich freue mich sehr darauf, mit dir im Wannsee zu schwimmen, auf das Europacenter zu steigen und abends durch Berlin zu bummeln.

Bitte ruf mich an, sobald du ein Zimmer gefunden hast.

Tschüs

deine Brigitte

36

NIVEAU: ✶✶

LERNZIELE: textsortenspezifische Ausdrucksweise (Telefon, Telegramm, Brief)

MATERIAL: Telegramme (je 1 pro Lerner)

VORBEREITUNG:

Kopieren Sie das Telegrammformular von Seite 60 mehrfach und füllen Sie es mit entsprechenden Texten aus. Hier einige Beispiele:

a) GLUECKWUNSCH ZUM GEMEINSAMEN LEBEN! GRUESSE ANNA UND HANS.

b) REISE CHINA ANNULLIERT. BEIN GEBROCHEN. NAEHERES PER BRIEF. KLAUS.

c) BITTE SCHICKE GELD. PASS GESTOHLEN. TANJA.

d) ONKEL GERD GESTORBEN. BEGRAEBNIS 17.3. 14 UHR. PETER.

e) UNFALL. EHEMANN IM KATHARINENHOSPITAL. ERBITTEN SCHNELLE HILFE. P. MUELLER.

UNTERRICHTSVERLAUF:

1. Sprechen Sie mit den Lernern über den Gebrauch und das Abfassen von Telegrammen sowie über den Unterschied zwischen telefonischen, schriftlichen und telegrafischen Mitteilungen. Verteilen Sie daraufhin die von Ihnen vorbereiteten Telegramme.

2. Es wird in Zweiergruppen gearbeitet. Jedes Paar überlegt, wer der Absender bzw. Empfänger der beiden Telegramme sein könnte, und wählt dann eines der Telegramme aus, um gemeinsam einen Brief an den Empfänger zu schreiben, in dem der Inhalt des Telegramms näher erläutert wird.

3. Daraufhin konstruieren die Zweiergruppen ein Telefongespräch zwischen dem Empfänger und Absender des anderen Telegramms.

4. Sammeln Sie nun die Briefe ein, besprechen und korrigieren Sie die Fehler und reichen Sie die Briefe – zusammen mit den entsprechenden Telegrammen – in der Klasse herum.

5. Daraufhin werden die imaginierten Telefongespräche in Dialogform vorgetragen.

VARIANTEN:

a) Vor dem Verfassen des Briefes und der Ausarbeitung des Telefongesprächs können die Lerner selbst Telegrammtexte entwerfen. Geben Sie eine bestimmte Situation und eine bestimmte Anzahl von Wörtern vor.

b) Ergänzung zu Punkt 4: Die Briefe können von anderen Paaren oder auch von einzelnen beantwortet werden.

Telekom

TELEGRAMM.

Annahmedatum	Annahmezeit
Übermittelt am (Datum)	Zeit
übermittelt an	durch

Bitte nur den stark umrandeten Teil ausfüllen und Zutreffendes ankreuzen

Bitte ggf. ankreuzen:

☐ Dringendes Telegramm **(nur bei Telegrammen in das Ausland)**

☐ Schmuckblatt-Telegramm LX

Ich wünsche die Zustellung
-Bitte nur ein Feld ankreuzen-

über

☐ Telefon ☐ Telefax ☐ Telex ☐ Teletex

Vorwahl /Rufnummer ▶ ______

☐ nur durch den Eilzusteller ☐ auch nachts (bei Aufgabe nach 18 Uhr)

	DM	Pf
Blockpreis		
zusätzliche Entgelte		
Gesamtpreis **(einschl.USt.)**		

Raum für dienstliche Vermerke

Empfänger

ggf. weitere Empfängerangaben

Straße und Hausnummer, Gebäudeteil, Etage

Postleitzahl, Ort

Text ▶ Kurz-telegramm / Standard-telegramm

Absender :
(wird nicht übermittelt)

Straße und Hausnummer, Gebäudeteil, Etage, Telefon

Postleitzahl, Ort

37

NIVEAU: ✶✶
LERNZIELE: Briefe schreiben und beantworten, diktieren
MATERIAL: ca. 40-60 kleine Zettel

UNTERRICHTSVERLAUF:

1. Geben Sie jedem Lerner 4 bis 6 Zettel.

2. Erläutern Sie, dass nun jedes Gruppenmitglied kleine Briefe an andere Gruppenmitglieder schreiben wird, dass auf jedem Briefchen ein Absender und ein Empfänger stehen muss und dass das Schriftstück sofort übergeben werden soll.

3. Die Lerner beantworten daraufhin die Briefe, die sie erhalten haben, und übergeben sie dem Empfänger.

4. Auch Sie nehmen an der Übung teil.

VARIANTEN:

1. Damit es nicht vorkommt, dass einige Gruppenmitglieder keine Briefe erhalten, kann die Übung folgendermaßen abgeändert werden:
a) Die Lerner schreiben einen Brief, setzen ihre Unterschrift darunter, legen aber den Empfänger nicht fest.
b) Die Briefe werden auf einen Tisch gelegt.
c) Jeder Lerner nimmt einen Brief und beantwortet ihn.
Auf diese Weise bekommt jeder einen Brief und kann ihn beantworten.

2. Eine weitere Variante ist diese:

Erste Unterrichtsstunde:
a) Bitten Sie die Lerner Ihnen einen Brief zu schreiben und ihn Ihnen persönlich zu übergeben. Geben Sie dafür etwa 10 Minuten Zeit.
b) In der Zwischenzeit schreiben Sie Briefe an drei oder vier Lerner und übergeben sie ebenfalls. Zu Hause beantworten Sie die einzelnen Briefe, die Sie von den Lernern erhalten haben, ohne sie sprachlich zu kommentieren oder zu korrigieren.

Zweite Unterrichtsstunde:
c) Verteilen Sie Ihre Antwortbriefe und fordern Sie die Lerner auf an irgendjemanden in der Gruppe einen Brief zu schreiben.
d) In der Zwischenzeit schreiben Sie wieder Briefe an einige Lerner, wobei Sie Gruppenmitglieder auswählen können, von denen Sie glauben, dass sie von den anderen keinen Brief erhalten werden.

Durch dieses Vorgehen wird das Lesen und Schreiben von Briefen schrittweise vom Lehrer auf die Lerner übertragen.

3. Eine andere Variante, die an die Dorfschreiber aus alten Zeiten erinnert, ist diese:
a) Die Lerner suchen sich einen Partner.
b) Partner A will einen Brief an ein Gruppenmitglied (Person X) schreiben, er/sie kann aber selbst nicht schreiben und diktiert daher den Brief dem Partner B, der ihn auch der Person X übergibt.
c) Nun möchte X antworten. Er/Sie bedient sich seines/ihres Partners Y, der den Brief schreibt und A übergibt.
d) Da diese Übung sehr anspruchsvoll ist und den Lernern viel mündliche und schriftliche Koordination abverlangt, sollten Sie sie rechtzeitig beenden um die Teilnehmer nicht zu überfordern.

38

NIVEAU: ∗∗

LERNZIELE: Erstellen von situationsgerechten Dialogen (schriftlich und mündlich)

MATERIAL: Kärtchen; Kassettenrekorder; Musikkassette (flotte Musik); großer Unterrichtsraum, der es den Lernern erlaubt, sich frei zu bewegen, und der die Möglichkeit bietet eine „Bühne“ einzurichten

VORBEREITUNG:

Schreiben Sie auf je ein Kärtchen die Bezeichnung für eine Örtlichkeit, z.B. *Hotel, Restaurant, Haus, Straße, Bahnhof, Zug* etc. Sie benötigen jeweils ein Kärtchen für vier Lerner, wobei es sich empfiehlt, auf jedes Kärtchen ein anderes Wort zu schreiben.
Bilden Sie einen möglichst großen Stuhlkreis, so dass in der Mitte genügend Platz für die „Bühne“ vorhanden ist.

UNTERRICHTSVERLAUF:

1. Beginnen Sie mit einer einfachen Lockerungsübung: Sie (und die Lerner) bewegen zuerst nur einen Finger, dann die ganze Hand, dann Hand und Unterarm, dann den ganzen Arm bis zur Schulter, dann den anderen Arm, dann ein Bein, dann das andere Bein etc., bis schließlich der ganze Körper entspannt ist. Wenn sich bei dem einen oder anderen Teilnehmer Widerstand zeigt, fordern Sie ihn mit sanftem Nachdruck zum Mitmachen auf. Diese Vorübung ist nämlich unerlässlich, da sie hilft Hemmungen abzubauen. Meist bewirkt sie entspannendes und entspanntes Gelächter.

2. Bitten Sie die Lerner aufzustehen und im Stuhlkreis umherzugehen. Schalten Sie die Musikkassette ein, so dass eine lockere Atmosphäre entsteht. Nach kurzer Zeit stoppen Sie die Musik. Die Lerner bleiben sofort stehen und bilden – entsprechend ihrem Standort – Vierergruppen.

3. Geben Sie jeder Gruppe ein Kärtchen (siehe: Vorbereitung) und erläutern Sie, dass nun jeweils zwei Lerner einer Gruppe einen kleinen Dialog erstellen, dessen Schauplatz der auf dem Kärtchen angegebene Ort ist. Die anderen beiden Lerner werden später diesen Dialog pantomimisch darstellen. Während der Texterstellung können sie ihre Kritik einbringen und protestieren, wenn ihnen bestimmte Details nicht darstellbar erscheinen.
Weisen Sie die Lerner darauf hin, dass sie in dieser Übungsphase unter keinen Umständen mit den anderen Gruppen Informationen austauschen sollen (vgl. Punkt 5).
Gehen Sie umher und helfen Sie wenn nötig.

4. Als Vorbereitung für Punkt 5 schreiben Sie eine Reihe von Örtlichkeiten an die Tafel, darunter diejenigen, die Sie bereits auf die Kärtchen geschrieben haben, wobei Sie dem Substantiv jeweils die richtige Präposition voranstellen, z.B.: *im Hotel, im Zug, im Haus, auf der Straße, im Bahnhof, im Restaurant* (vgl. Punkt 5a).

5. Bitten Sie nun ein Pantomimen-Paar in die Mitte zu kommen und den Dialog ohne Worte darzustellen. Im Anschluss daran analysiert der Rest der Klasse die Szene im Hinblick auf folgende Fragen:
a) ***Wo** spielt diese Szene?*
b) ***Wer** spricht mit **wem**?*
c) ***Worüber** sprechen sie?*

6. Nachdem die Klasse ihre Hypothesen über die Szene (entsprechend den Fragen unter Punkt 5) aufgestellt hat, lesen die Verfasser des Textes diesen laut vor. Phonetische, grammatikalische und lexikalische Fehler werden korrigiert.

7. Eine Gruppe nach der anderen mimt nun die Szene und trägt den Text vor (vgl. Punkt 5 und 6).

39

NIVEAU: ✶✶

LERNZIELE: kreatives Schreiben – Fantasiedialog erstellen

VORBEREITUNG:

Ordnen Sie die Stühle halbkreisförmig um die Tafel an. Achten Sie darauf, dass kein Gegenstand den Blick zur Tafel verstellt; andernfalls könnten die Lerner an der unter Punkt 2 beschriebenen Aufgabe gehindert werden.

UNTERRICHTSVERLAUF:

1. Bitten Sie die Lerner auf den Stühlen Platz zu nehmen und sehen Sie auch für sich selbst einen Stuhl vor.

2. Zeichnen Sie einen Gegenstand an die Tafel oder bitten Sie einen Lerner etwas Einfaches darzustellen. Fordern Sie dann die anderen auf weitere Zeichnungen hinzuzufügen. Die Tafel soll voll, aber nicht überfrachtet werden. Etwa zehn Objekte reichen aus. Es ist nicht nötig, dass die gezeichneten Gegenstände in einem erkennbaren Zusammenhang stehen, wenn sich dies auch oft von selbst ergibt. Sie können beispielsweise mit der Zeichnung eines Baumes beginnen. Meist fügen die Lerner eine Person, ein Tier, ein Haus, die Sonne usw. hinzu.

3. Fordern Sie die Lerner auf sich einen Dialog zwischen zwei der dargestellten Gegenstände oder Personen auszudenken und aufzuschreiben. Dies kann in Einzelarbeit oder in Partnerarbeit durchgeführt werden. Bei dieser Zeichnung könnte das Gespräch zwischen dem Fisch und dem Boot, zwischen dem Haus und der Sonne oder zwischen einem der Kinder und dem Wasser geführt werden. Jeder Lerner bzw. jedes Lernerpaar sollte einen Dialog schreiben.

4. Wenn die Lerner mit ihrer Arbeit beginnen, entfernen Sie sich für kurze Zeit aus dem Stuhl-Halbkreis, damit sich die Lerner nicht unter Druck gesetzt fühlen. Gliedern Sie sich dann zum richtigen Zeitpunkt wieder ein, geben Sie die nötigen Hilfestellungen und nehmen Sie behutsam Fehlerkorrekturen vor.

5. Bitten Sie die Lerner ihre Dialoge dem Plenum vorzutragen. Sehen Sie genügend Zeit vor um alle auftretenden Fragen zu beantworten. (Variante: Sie kopieren die Dialoge und hängen sie an die Wand. So können die Lerner die Texte in der Pause in Ruhe durchlesen.)

Wenn Interesse besteht, kann abschließend darüber diskutiert werden, warum sich die einzelnen Lerner für die gewählten Gegenstände entschieden haben.

40

NIVEAU: ✶✶

LERNZIELE: beschreiben, Textproduktion und freies Sprechen; Wortschatz: Wohnen

UNTERRICHTSVERLAUF:

1. Geben Sie jedem Lerner ein Blatt Papier mit der Bitte die Außenansicht eines Hauses mit möglichst vielen Details (z.B. Kamin, Garten etc.) zu zeichnen. Jeder arbeitet für sich und faltet dann das Blatt in der Mitte, so dass das Haus nicht sichtbar ist.
Die Blätter werden eingesammelt, auf einen Tisch gelegt und gemischt. Jeder Lerner nimmt ein Blatt und öffnet es.

2. Nun beschreiben die Lerner reihum das Haus, das auf ihrem Blatt dargestellt ist. Fordern Sie sie auf sich verschiedene Details wie z.B. die Einrichtung, die verwendeten Farben und die Lage des Hauses sowie seine Bewohner vorzustellen und sie zu beschreiben.

3. Nun werden alle Zeichnungen zur Ansicht auf den Tisch gelegt. Jeder Lerner wählt ein Haus aus, das ihm besonders gefällt, und schreibt seinen Namen auf die Rückseite des Blattes. Es sollte aber auf jedem Blatt nicht mehr als ein Name stehen.

4. Bitten Sie nun die Lerner die Häuser jeweils auf 3er-Gruppen (eventuell auch auf ein bis zwei 4er-Gruppen, falls die Teilnehmerzahl nicht durch drei teilbar ist) zu verteilen, und zwar so, dass die Häuser – nach Einschätzung der Lerner – möglichst gut zusammenpassen.

5. Wenn die Häusergruppen gebildet sind, setzen sich die Lerner, deren Namen eine Gruppe bilden, zusammen und denken sich einen 3-Minuten-Sketch aus, der die „nachbarlichen Beziehungen" zwischen den Bewohnern der 3 (oder 4) Häuser zum Thema hat.

6. Abschließend präsentiert jede Gruppe ihren Sketch im Plenum.

41

NIVEAU: ✶✶

LERNZIELE: beschreiben, räumliche Beziehungen erklären; Grammatik: Ortsadverbien und -präpositionen; Wortschatz: Wohnen

MATERIAL: farbiges Zeichenpapier, davon für jede Kleingruppe ein Blatt in Din A4-Format, Filzstifte, Scheren

VORBEREITUNG:

Ordnen Sie das Material so, dass jeweils eine Kleingruppe ausreichend selbständig arbeiten kann. Schneiden Sie aus dem farbigen Zeichenpapier Modelle von Möbeln (Tisch, Bett etc.) aus, sofern Sie dies nicht den Lernern überlassen wollen (vgl. Punkt 1).

UNTERRICHTSVERLAUF:

1. Teilen Sie die Lerner in Kleingruppen (3 bis 4 Teilnehmer) und verteilen Sie die Materialien. Es geht nun darum, entweder ein Zimmermodell zu erstellen, eine Wohnung zu gestalten oder ein ganzes Haus einzurichten.

2. Während die Lerner über die Position der einzelnen Möbel diskutieren, benutzen sie Ortsangaben (*in der Ecke, in der Mitte, rechts, neben der Tür*) und den erforderlichen Themenwortschatz (*Bett, Sofa, Esszimmer, Bad*). Gehen Sie umher und unterstützen Sie die Lerner dabei, sich möglichst präzise auszudrücken.

3. Wenn die Gruppen ihre Pläne fertiggestellt haben, zeigen sie sich ihre Arbeiten gegenseitig und besprechen sie.

4. Die Übung kann folgendermaßen erweitert werden: Die Lerner sitzen paarweise Rücken an Rücken. Partner A beschreibt sein Schlafzimmer, und Partner B zeichnet dieses nach den Beschreibungen von A auf. Dann werden die Rollen getauscht und abschließend die Zeichnungen überprüft.

VARIANTE:

1. Die Klasse wird in zwei Gruppen geteilt. Jede Gruppe schneidet Möbel für den Plan eines Zimmers aus, und zwar in doppelter Ausführung (zwei gleich große Tische, zwei Kühlschränke, zwei Fernseher etc).

2. Nun erhält jede Gruppe ein großes Zeichenblatt (= Zimmerplan), auf das die Hälfte der Möbel (nur einer der beiden Tische, nur einer der beiden Kühlschränke und nur einer der beiden Fernseher etc.) so aufgeklebt wird, dass eine Zimmereinrichtung entsteht.

3. Wenn beide Gruppen ihre Zimmer gestaltet haben ohne sie den anderen zu zeigen (!), erhält Gruppe A ein weiteres großes Zeichenblatt und die andere Hälfte der ausgeschnittenen Möbel der Gruppe B. Es ist Aufgabe der Gruppe A, sich die Zimmereinrichtung von Gruppe B beschreiben zu lassen und den Plan mit dem erhaltenen Material und nach den zu erfragenden Angaben zu gestalten. Anschließend werden die Pläne verglichen. Schließlich tauschen die Gruppen ihre Rollen.

42

NIVEAU: ✶✶

LERNZIELE: beschreiben, begründen, Fragen stellen und beantworten

MATERIAL: mindestens 2 Fotos, Bilder aus Zeitschriften oder Postkarten etc., Klebstoff, Karton

VORBEREITUNG:

Kleben Sie ein bis zwei interessante Bilder möglichst auf Karton auf. Die Bildauswahl (z.B. Personen, Landschaften, Häuser, Stadtplan etc.) richtet sich nach dem thematischen Wortschatz, der gezielt geübt werden soll.

UNTERRICHTSVERLAUF:

1. Erklären Sie die Spielregeln genau. Kündigen Sie an, dass Sie zwei Lernern ein Bild geben werden, das die anderen nicht sehen sollen. Die beiden werden je eine Beschreibung des Bildes geben, wobei die eine richtig, die andere frei erfunden ist. Nach Anhörung der beiden Beschreibungen stellt die Klasse Fragen zum Bild, um herauszufinden, welche Beschreibung der Realität entspricht. Alle gestellten Fragen müssen wahrheitsgemäß beantwortet werden.

2. Bestimmen Sie zwei Lerner für die Beschreibungen oder bitten Sie um freiwillige Meldungen. (Achten Sie darauf, dass das Bild nicht durchscheinend ist, falls Sie es nicht auf einen Karton geklebt haben.)

3. Lassen Sie die beiden Personen in Ruhe vereinbaren, wer eine realistische und wer eine imaginäre Beschreibung geben will. Die Vorbereitung dieser Beschreibungen kann gegebenenfalls auch als Hausaufgabe vorgesehen werden.

4. Die beiden Lerner tragen sodann ihre Beschreibungen vor und werden daraufhin von der Klasse interviewt.

Wenn jemand die richtige Beschreibung erkannt zu haben glaubt, muss er seine Annahme begründen. Antworten wie: *Ich weiß nicht warum; ich glaube* ... sind nicht zulässig.

5. Zeigen Sie dann das Bild und sprechen Sie mit der Klasse darüber.

Wenn Interesse besteht, können Sie zwei andere Lerner auswählen (bzw. sich spontan melden lassen) und die Übung mit einem anderen Bild wiederholen.

43

NIVEAU: ✶✶

LERNZIELE: beschreiben; Wortschatz: Geographie; Grammatik: Ortsangaben

MATERIAL: Kopien der Insel auf Seite 68 (eine Kopie je Lerner), Farbstifte

UNTERRICHTSVERLAUF:

1. Stellen Sie den Wortschatz bereit, der für die Beschreibung einer Landkarte benötigt wird, und schreiben Sie die Wörter an die Tafel (*Stadt, Fluss, Gebirge, See, Straße, Industriegebiet, Park* etc.).

2. Bilden Sie Paare und geben Sie jedem Paar eine Kopie mit den Umrissen der Insel. Die Partner verständigen sich darüber, wie sie die Insel gestalten wollen, und benutzen dabei das unter Punkt 1 erarbeitete Vokabular. Motivieren Sie die Lerner die Städte, die Flüsse, die Gebirge etc. zu benennen, möglichst viele Details anzugeben und festzulegen, ob es sich um einen ganzen Staat oder um ein kleines Eiland mitten im Ozean handelt. Gehen Sie umher, lassen Sie sich von den Paaren die Zeichnungen erläutern und helfen Sie, wenn es nötig ist.

3. Geben Sie nun jedem Paar eine neue leere Kopie und bitten Sie die Paare sich jeweils einem anderen Paar gegenüberzusetzen.

Nun lässt sich jeweils ein Paar die Insel vom anderen Paar beschreiben und fertigt die Zeichnung nach den erhaltenen Angaben an. Die Beschreibungen sollen möglichst präzise sein und können beispielsweise so lauten:
Im Norden ist ein Fluss, der von A2 nach D3 fließt und durch B2 und C3 geht.
Oder es kann gesagt werden:
Im Süden der Hauptstadt ist ein Industriegebiet, das mitten in D2 liegt.

Erst wenn alle Informationen in die Zeichnung eingebracht worden sind, werden „Original" und „Kopie" verglichen und die Unterschiede kommentiert.

Dehnen Sie das Gespräch nicht zu lange aus: es könnte sich Langeweile einstellen. Schließen Sie die Übung mit einer Diskussion im Plenum ab.

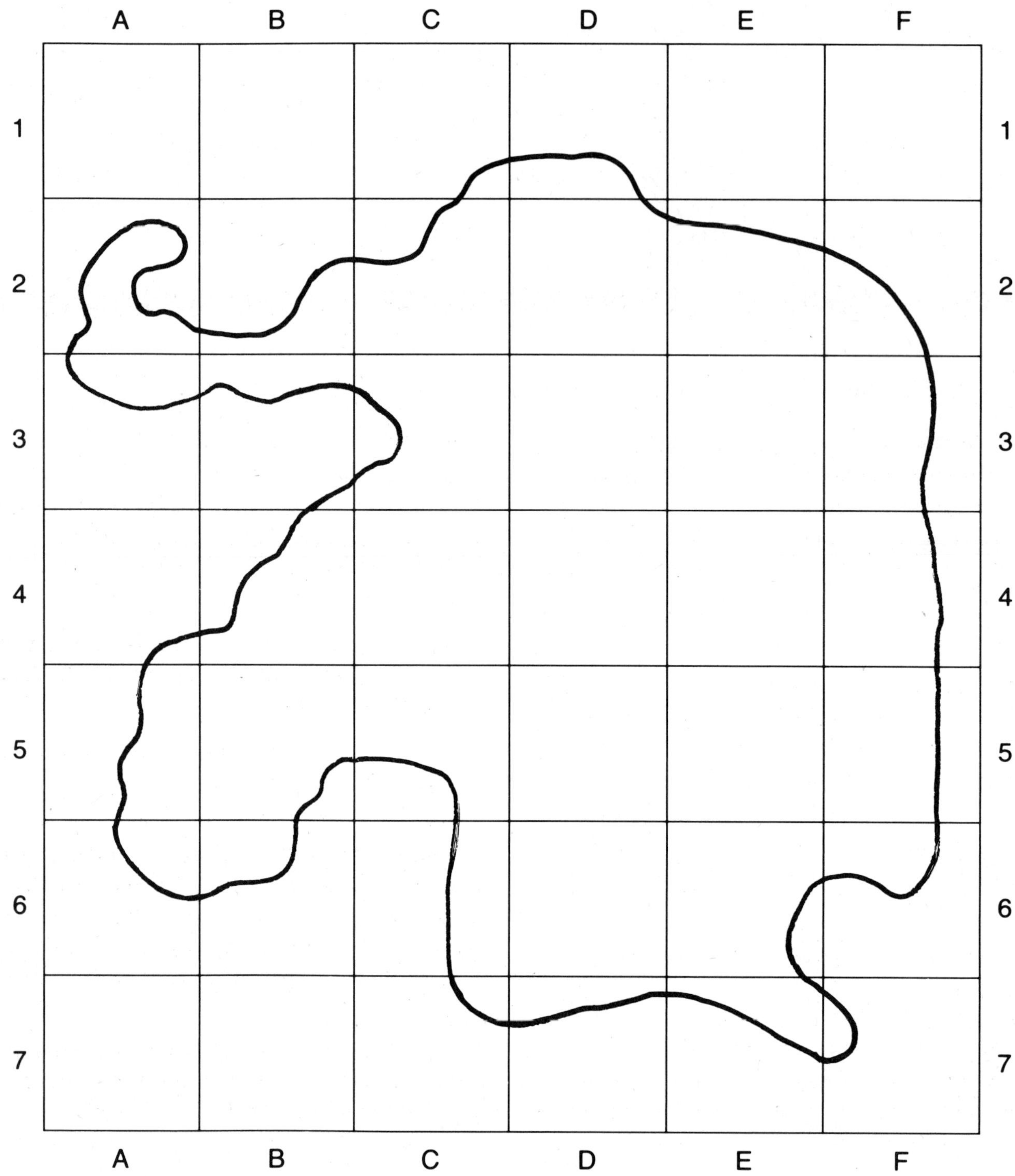
A B C D E F
1 2 3 4 5 6 7

44

NIVEAU: ✶✶

LERNZIELE: Informationen erfragen, Anweisungen geben, Ortsangaben machen; Grammatik: Ortsadverbien und -präpositionen

MATERIAL: große Anzahl Abbildungen von Gegenständen; großer Unterrichtsraum, in dem sich die Lerner frei bewegen können

UNTERRICHTSVERLAUF:

1. Bilden Sie Zweiergruppen und geben Sie jedem Paar mehrere Abbildungen. Achten Sie darauf, dass die Lerner die deutschen Bezeichnungen für diese Gegenstände kennen.

2. Partner A versteckt – während Partner B die Augen schließt – die Bilder im Raum und notiert sich, wo er sie versteckt hat.

3. Dann kommen alle Lerner wieder an ihre Plätze zurück und Sie erläutern nun den weiteren Verlauf der Übung: die Partner B suchen die Bilder, wobei sie jeweils von ihrem Partner A geführt werden. Dieser gibt Anweisungen, ohne jedoch das Versteck direkt zu nennen.
Wahrscheinlich empfiehlt es sich, den Ablauf an einem Beispiel deutlich zu machen. Ein Gespräch könnte etwa so verlaufen:

A: *Das Bild mit den Kerzen ist hinter den Vorhängen.*
B: *Den Vorhängen hinten rechts?*
A: *Nein, nicht rechts.*
B: *Also müssen sie hinter den Vorhängen des mittleren Fensters sein.* (Geht hin und findet das Foto.) *Hier ist es. Und nun? Welches ist das nächste Foto?*
A: *Jetzt suchen wir den Fisch. Du kannst/Sie können ihn auf dem Boden finden.*
B: *Rechts oder links?*
Etc.

4. Während die Lerner A Hinweise geben, begleiten sie ihre Partner, die die gefundenen Bilder einsammeln.

Es empfiehlt sich, ein Zeitlimit zu setzen: 5 Minuten sind meist ausreichend.

Sobald das Suchen beginnt, entsteht wahrscheinlich beachtliches Stimmengewirr und eine gewisse Unruhe. Das kann sehr förderlich sein, da die Lerner in dieser Situation ihre Hemmungen leichter abbauen können und andererseits dazu gezwungen werden, genau zuzuhören und sich deutlich auszudrücken.

Während dieser Übungsphase gehen Sie umher, greifen unterstützend ein und achten darauf, dass die Übung nicht außer Kontrolle gerät.

45

NIVEAU: ✶✶

LERNZIELE: Sätze bilden, Wortschatzarbeit

MATERIAL: Kärtchen entsprechend der Anzahl der Lerner

VORBEREITUNG:

Wählen Sie eine Reihe von Wörtern aus, die Sie mit Ihrer Klasse wiederholen möchten. Achten Sie bei der Auswahl darauf, dass die Lerner in der Lage sind mit diesen Wörtern Sätze zu bilden. Schreiben Sie je eines dieser Wörter auf die Kärtchen.

UNTERRICHTSVERLAUF:

1. Verteilen Sie die Kärtchen. Vergewissern Sie sich, dass die Lerner ihr Wort auch verstanden haben, und fordern Sie sie dann auf mit ihrem Wort einen Satz zu bilden.

2. Bitten Sie einen Lerner sein Wort zu sagen. Die anderen sollen nun versuchen dieses Wort mit dem ihren in einem Satz zu verbinden. Beispielsweise sagt A das Wort: *Nacht*, auf dem Kärtchen von B steht: *oft*. B bildet den Satz: *Ich arbeite oft in der Nacht*. C hat hingegen das Wort: *Samstag* und formuliert den Satz: *Was machst du am Samstag in der Nacht?*

3. Teilen Sie die Lerner in Dreier- oder Vierergruppen ein. Schlagen Sie jeder Gruppe vor, ihre Wörter in möglichst vielen Sätzen zu kombinieren. Dabei ist es zulässig, kleine Veränderungen an den Wörtern vorzunehmen. Beispielsweise können Singularformen in den Plural und Infinitive in die konjugierte Verbform verwandelt werden. Wenn eine Gruppe etwa die Wörter: *Land*, *klein* und *fahren* zu verwenden hat, können die formulierten Sätze beispielsweise folgendermaßen lauten:

Warum machen wir nicht einen kleinen Ausflug und fahren aufs Land?
Morgen fahren wir zu meiner Großmutter, die in einem kleinen Dorf auf dem Land wohnt.
Letzte Woche bin ich aufs Land gefahren und habe Rothenburg, eine kleine, aber sehr hübsche Stadt besichtigt.

Je mehr Kombinationen die Lerner finden und je erfindungsreicher sie arbeiten, umso motivierender ist der Übungsablauf.

4. Die Lerner versammeln sich nun wieder im Plenum. Schlagen Sie den einzelnen Gruppen vor jeweils einen Gruppensprecher zu wählen, der die besten Sätze der Gruppe vorliest.

Anschließend regen Sie an gemeinsam eine Geschichte zu schreiben, in der alle Wörter vorkommen. Diskutieren Sie ausführlich mit den Lernern, welche Art von Geschichte entstehen soll. Wenn das Grundkonzept feststeht, lassen Sie die Lerner die Endfassung erstellen. Schreiben Sie Satz für Satz an die Tafel und geben Sie den Lernern Zeit mitzuschreiben, wenn sie es möchten.

46

NIVEAU: ✶✶
LERNZIELE: selektives Hören, Notizen machen
MATERIAL: Lesetext (1-2 Seiten)

VORBEREITUNG:

Wählen Sie einen geeigneten Lesetext (evtl. Lehrbuchtext) und entnehmen Sie diesem einen langen Satz, der von zentraler Bedeutung ist. (Der gewählte Satz soll nicht am Anfang des Textes stehen.)

UNTERRICHTSVERLAUF:

1. Teilen Sie den Lernern mit, dass Sie nun einen Satz vorlesen werden ohne zu sagen, wo er steht, und dass Sie ihn nur einmal vorlesen werden. Es wird dann Aufgabe der Lerner sein, so viele Wörter und Satzfetzen aufzuschreiben, wie sie erinnern können.

2. Lesen Sie nun den Satz vor und fordern Sie die Lerner auf diesen Satz – in Einzelarbeit – zu rekonstruieren. Wenn die Lerner die Aufgabe zu schwer finden, lesen Sie den Satz ein zweites Mal vor.

Sobald der Prozess ins Stocken gerät, lassen Sie die Arbeit in Paaren fortsetzen.

3. Nach einigen Minuten bitten Sie die Lerner umherzugehen und einen anderen Partner aufzusuchen und zu befragen. Wenn der richtige Wortlaut beinahe gefunden ist und bevor die Lerner sich zu langweilen beginnen, fordern Sie sie auf sich zu setzen und ihre Schreibmaterialien beiseite zu legen.

4. Lesen Sie den Text vor (oder spielen Sie ihn von der Kassette), so als ob es sich um eine vollkommen neue Übung handeln würde. Plötzlich werden die Lerner merken, dass der Satz, mit dem sic sich bcschäftigt haben, aus dieser Geschichte stammt. Wenn der Text zu Ende ist, lassen Sie die Lerner nochmals gemeinsam (bei großen Klassen in zwei Gruppen) den Satz zusammenfügen.

5. Diskutieren Sie abschließend mit den Lernern über die Geschichte und darüber, wie sie diese Übung empfunden haben. Was war für sie am spannendsten? Waren sie beim Aufzeichnen von Notizen versucht alles Wort für Wort aufzuschreiben? Oder konzentrierten sie sich gleich auf das Wesentliche? Was waren die wichtigsten Punkte?

47

NIVEAU: ✶✶

LERNZIELE: Fragen zu einem Text stellen und beantworten

MATERIAL: 2 Kassettenaufnahmen einer Nachrichtensendung, 2 Kassettenrekorder, 2 Unterrichtsräume wenn möglich; (Variante: 1 Kassettenaufnahme einer Nachrichtensendung, 1 Kassettenrekorder, 1 Textvorlage der Nachrichtensendung, 2 Unterrichtsräume wenn möglich)

VORBEREITUNG:

Überspielen Sie eine interessante, nicht allzu lange Nachrichtensendung auf Kassette. Fertigen Sie davon eine Kopie an, so dass Sie über zwei Kassetten verfügen,

oder (für Variante)

überspielen Sie eine Nachrichtensendung auf Kassette und transkribieren Sie den Text.

UNTERRICHTSVERLAUF:

1. Teilen Sie die Klasse in zwei Gruppen. Wenn möglich arbeiten die Gruppen in getrennten Räumen. Geben Sie jeder Gruppe einen Kassettenrekorder und eine Kassette und fordern Sie sie auf die Sendung anzuhören und für die andere Gruppe Fragen zum Inhalt des Gehörten zu formulieren. Setzen Sie ein Zeitlimit. Helfen Sie den Gruppen, wenn es nötig ist, aber greifen Sie möglichst wenig ein.

2. Die beiden Gruppen kommen wieder zusammen und stellen sich gegenseitig ihre Fragen. In jeder Gruppe wird ein/e „Sekretär/in" bestimmt, der/die die gemeinsam gefundenen Antworten notiert. Es empfiehlt sich, dass die Gruppen die Fragen und Antworten im Wechsel vornehmen, da auf diese Weise die Antworten gleichzeitig in beiden Gruppen besprochen werden können. Diese simultane Arbeitsweise ist sehr effizient und leicht durchzuführen. Achten Sie jedoch darauf, dass sich die Lerner beim Stellen der Fragen abwechseln und lassen Sie es nicht zu, dass ein oder zwei Teilnehmer die anderen nicht zu Wort kommen lassen.

3. Spielen Sie schließlich den Text noch einmal im Plenum vor, damit alle prüfen können, ob sämtliche Antworten richtig sind. Achten Sie dabei sehr genau darauf, ob nicht die eine oder andere Ungenauigkeit übersehen worden ist.

VARIANTE zu Punkt 1 und 2:

1. Die Klasse arbeitet in zwei Gruppen und, nach Möglichkeit, in getrennten Räumen.

Gruppe A erhält den Nachrichtentext in schriftlicher Form und hat die Aufgabe Fragen zum Inhalt zu formulieren. Dafür wird ein Zeitlimit gesetzt.

Gruppe B erhält Kassette und Kassettenrekorder und hört während dieser Zeit den Text gegebenenfalls mehrmals.

2. Die beiden Gruppen kommen wieder zusammen. Gruppe B beantwortet die von Gruppe A gestellten Fragen.

Anmerkung:
Anstelle von Nachrichtensendungen können auch Lehrbuchtexte verwendet werden, von denen eine Kassettenversion vorliegt. In diesem Fall kann die Übung eventuell bereits im Anfängerunterricht eingesetzt werden.

48

NIVEAU: * *

LERNZIELE: Notizen machen, einen Text zusammenfassen

MATERIAL: kurzer Dialog auf Kassette (z.B. Lehrbuchdialog), Kassettenrekorder

UNTERRICHTSVERLAUF:

1. Erläutern Sie den Inhalt des Kassettentextes in ein bis zwei Sätzen und spielen Sie ihn dann einmal vor. Vermeiden Sie es, irgendwelche Details zu erzählen.

2. Sagen Sie den Lernern, dass Sie den Text nochmals vorspielen werden und dass es nun darum geht, während des Anhörens Notizen zu machen. Geben Sie den Lernern Zeit ihr Schreibmaterial zur Hand zu nehmen und spielen Sie dann den Text ohne Unterbrechung vor und ohne Fragen zuzulassen.

3. In Dreier- oder Vierergruppen vergleichen die Lerner anschließend ihre Notizen und einigen sich über die wichtigsten Punkte des Textes. Nun wählt jede Kleingruppe eine/n „Sekretär/in", der/die eine gemeinsam erarbeitete Zusammenfassung des Textes schriftlich festhält. Geben Sie Hilfestellung, wenn nötig, und achten Sie darauf, dass die Interaktion auf Deutsch erfolgt.

4. Jede Gruppe liest dann ihren Text vor. Die anderen hören aufmerksam zu und rufen STOPP, wenn sie einen inhaltlichen oder sprachlichen Fehler bemerken, der dann auch gleich korrigiert wird.

In der Zwischenzeit schreiben Sie (möglichst unauffällig) grammatikalisch oder inhaltlich fehlerhafte Sätze an die Tafel, die den Lernern entgangen sind.
Wenn alle Zusammenfassungen vorgelesen sind, lenken Sie die Aufmerksamkeit der Lerner auf die Tafel und lassen die Fehler – möglichst ohne Ihre Hilfe – korrigieren. Abschließend spielen Sie den Text noch einmal vor.

49

NIVEAU: ✶✶

LERNZIELE: Ratschläge erteilen; Wortschatz: Gesundheit; Grammatik: Konjunktiv

MATERIAL: kleine Kärtchen (möglichst zweifarbig) oder Kopie von Seite 75 (möglichst auf Karton aufgeklebt)

VORBEREITUNG:

Schreiben Sie die „Beschwerden" und die „Ratschläge" von Seite 75 einzeln auf die Kärtchen, wobei es sich empfiehlt, für die „Beschwerden" eine Farbe und für die „Ratschläge" eine andere zu benutzen.

Alternative:
Kopieren Sie Seite 75, kleben Sie die Kopie auf einen leichten Karton und schneiden Sie die einzelnen Elemente aus.

UNTERRICHTSVERLAUF:

1. Schreiben Sie ein Beispiel an die Tafel und geben Sie die wichtigsten Redemittel an, mit denen Ratschläge erteilt werden können, z.B.:
Sie sollten ...
Meiner Meinung nach müssten/sollten Sie ...
Sie müssten ...
Ich rate dir ... (+ Infinitiv mit zu)
Warum machen/nehmen Sie nicht ...?
Wenn ich Sie wäre ...
An deiner Stelle würde ich ...

Wenn beispielsweise die Beschwerde lautet: *Ich habe Zahnschmerzen,* können folgende Ratschläge gegeben werden:
Sie sollten zum Zahnarzt gehen.
Warum nehmen Sie kein Aspirin?
Ich rate dir weniger Süßigkeiten zu essen.

Bitten Sie 5 Lerner an die Tafel zu kommen und geben Sie ihnen je eine Beschwerden-Karte. Verteilen Sie die verbleibenden Karten unter den anderen Teilnehmern.

3. Fragen Sie die Lerner an der Tafel, einen nach dem andern: *Was haben Sie?* oder *Was tut Ihnen weh?* Eine/r wird sagen: *Ich habe Kopfschmerzen.* Nun benutzt die Klasse ihre Kärtchen um Ratschläge zu erteilen wie z.B.:
Machen Sie doch einen Spaziergang.
Sie müssten etwas essen.
Warum legst du dich nicht hin?

Die Lerner an der Tafel können entscheiden, ob sie den Rat annehmen oder zurückweisen: *Das ist eine gute Idee. Das scheint mir kein guter Rat zu sein.*

4. Wenn sich die Klasse gut kennt und entsprechendes Vertrauen unter den Teilnehmern herrscht, können persönliche Probleme aufgeworfen werden. Dabei geht es darum, das Problem einfühlsam zu behandeln, einige Lösungsvorschläge zu machen und sie sprachlich adäquat zu formulieren. Um diese Phase in Gang zu setzen beginnen Sie am besten, indem Sie selbst ein Problem in die Diskussion werfen.

Wie immer die Gespräche laufen, zwingen Sie die Lerner nicht, persönliche Dinge zu erörtern, wenn nicht absolute Bereitschaft dazu besteht.

Was haben Sie?

Kopfschmerzen
ein Aspirin nehmen
zum Arzt gehen
ins Bett gehen
einen Spaziergang machen
weniger Alkohol trinken
sich ausruhen
etwas essen
Erkältung
etwas in der Apotheke kaufen
mit dem Rauchen aufhören
eine Tablette nehmen
warme Milch mit Honig trinken
eine Tasse Tee trinken
sofort ins Bett gehen
ein warmes Bad nehmen
Rückenschmerzen
sich strecken
einen Spezialisten aufsuchen
sich massieren lassen

etwas Gymnastik machen
zur Krankengymnastin gehen
nicht schwer tragen
zum Schwimmen gehen
Übergewicht
weniger essen
nicht so viel Süßigkeiten essen
eine Diät beginnen
sich mehr bewegen
Sport treiben
auf Kuchen verzichten
Nervöse Depression
Urlaub machen
eine Kur machen
zum Psychologen gehen
weniger arbeiten
sich mehr amüsieren
seine/ihre wahren Probleme lösen
seinen/ihren Lebensstil ändern
eine Woche fasten

50

NIVEAU: ✶✶

LERNZIELE: Informationen erfragen und erteilen; Grammatik: Verwandtschaftsnamen, Possessivpronomen

MATERIAL: Kopie von Seite 77 (je ein Kärtchen pro Teilnehmer). Der Unterrichtsraum soll so groß sein, dass sich die Lerner frei bewegen können. (Eventuell: Fotoapparat)

VORBEREITUNG:

Kopieren Sie die Informationen über die Familie Schmidt (Seite 77), schneiden Sie die einzelnen „Identitätskarten“ aus und kleben Sie sie auf Kärtchen. Die Übung ist in dieser Form für 12 Lerner angelegt, Sie können aber die Anzahl der Kärtchen verringern oder erhöhen, wenn Sie die Zusammensetzung der Familie verändern. Achten Sie aber darauf, dass die Angaben auf den Kärtchen entsprechend angepasst werden.

UNTERRICHTSVERLAUF:

1. Laden Sie die Lerner dazu ein, sich vorzustellen, dass sie zur Familie Schmidt gehören. Die einzelnen Familienmitglieder haben sich so lange nicht mehr gesehen, dass sie sich auf den ersten Blick nicht einmal erkennen können. Heute gibt es aber einen besonderen Anlass, zu dem sich alle eingefunden haben.

2. Schmücken Sie das Szenario weiter aus und sagen Sie, dass ein Familienfoto gemacht werden soll, vorher aber festgestellt werden muss, wer wer ist.

3. Geben Sie nun jedem Lerner eine „Identitätskarte“ und betonen Sie, dass diese den anderen nicht gezeigt werden darf. Erläutern Sie, dass die einzelnen Familienmitglieder sich dadurch gegenseitig erkennen, dass sie Informationen austauschen. Beispielsweise kann sich Klaus an einen anderen Lerner richten und das Gespräch so beginnen:
Tag, ich bin Klaus. Ich bin Fußballspieler. Und du, bist du nicht Schmetterlingsliebhaber? Ich frage, weil ich meinen Bruder suche, und ich weiß, dass er eine große Sammlung hat.

4. Fordern Sie die Lerner auf aufzustehen und umherzugehen. Sie sollen sich – wie auf einer Cocktailparty – zu zweit oder zu dritt unterhalten. Sie als Lehrer wenden sich den einzelnen Gruppen zu, geben Hilfestellung, greifen korrigierend ein und machen sich eventuell Notizen über sprachliche Probleme, die Sie vielleicht nachher behandeln möchten.

5. Wenn das Beziehungsnetz der Familie geklärt ist, fordern Sie die Lerner auf sich für das Familienfoto aufzustellen. Dabei soll sich jeder und jede kurz vorstellen. Wenn Sie einen Fotoapparat zur Verfügung haben, können Sie tatsächlich ein Foto der Gruppe machen.

6. Als zusätzliche Aufgabe könnten die Lerner aufgefordert werden ihre Lebensgeschichte als jeweiliges Mitglied der Familie Schmidt schriftlich (1 Seite) darzulegen. Diese Arbeit kann sowohl in der Klasse als auch als Hausaufgabe gemacht werden.

Die Familie Schmidt

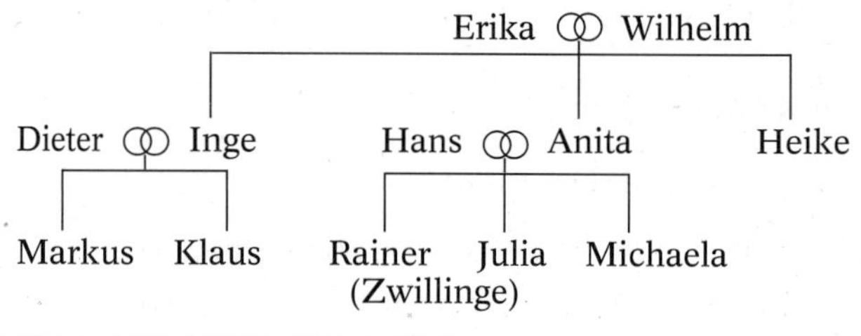

Das bist du

Heike
1. Du arbeitest in einer Bücherei
2. Du bist geschieden
3. Eine deiner Nichten studiert an der Kunsthochschule

Klaus
1. Dein Bruder hat eine Schmetterlingssammlung
2. Du spielst Fußball
3. Dein Vater spielt Golf

Michaela
1. Dein Vater ist Seemann
2. Deine Tante hat eine wertvolle Kunstsammlung
3. Dein Bruder und deine Schwester sind Zwillinge

Anita
1. Du bist mit einem Seemann verheiratet
2. Dein Vater ist Geschäftsmann
3. Du hast drei Kinder

Markus
1. Du spielst Trompete
2. Deine Kusine ist Krankenschwester
3. Du sammelst Schmetterlinge

Rainer
1. Du arbeitest in einer Bank
2. Deine Schwester ist Krankenschwester
3. Dein Großvater ist Geschäftsmann

Dieter
1. Du bist Geschäftsmann
2. Du bist Golfspieler
3. Du hast zwei Söhne

Hans
1. Deine Schwiegermutter ist Lehrerin
2. Dein Sohn arbeitet in einer Bank
3. Einer deiner Neffen ist ein sehr guter Sportler

Julia
1. Deine Schwester studiert Kunst
2. Deine Großmutter ist Lehrerin
3. Du bist Krankenschwester

Erika Schmidt
1. Du bist Lehrerin
2. Dein Enkel spielt Trompete
3. Deine jüngste Tochter ist geschieden und hat keine Kinder

Wilhelm Schmidt
1. Du hast drei Kinder
2. Deine älteste Tochter hat zwei Söhne
3. Ihr Ehemann ist Geschäftsmann, wie du

Inge
1. Du hast zwei jüngere Schwestern
2. Du hast zwei Nichten u. einen Neffen
3. Dein Vater ist Geschäftsmann

51

NIVEAU: ✶✶
LERNZIELE: Scherzfragen und Antworten kombinieren
MATERIAL: kleine Kärtchen

VORBEREITUNG:

1. Wählen Sie einige Scherzfragen (je eine pro Lerner) aus, die dem Lernniveau der Klasse entsprechen.

2. Fertigen Sie Kärtchen nach den angegebenen Modellen an (vgl. Seite 79). Wie die Beispiele zeigen, befindet sich die Antwort auf die Frage von Kärtchen A auf Kärtchen B, während sich die Antwort von Kärtchen A auf die Frage von Kärtchen C bezieht. Auf diese Weise muss jeder Lerner zur Komplettierung seines Kärtchens zwei andere Lerner konsultieren.

UNTERRICHTSVERLAUF:

1. Erklären Sie den Lernern, dass sie die fehlenden Fragen und Antworten finden sollen. (Es ist nicht nötig zu sagen, dass es sich um Rätsel handelt. Lassen Sie es einfach zum Aha-Effekt kommen!) Vergewissern Sie sich, dass deutlich geworden ist, dass es sich pro Kärtchen um *zwei verschiedene* Fragen und Antworten handelt.

2. Verteilen Sie die Kärtchen und fordern Sie die Lerner auf umherzugehen, ihre Fragen und Antworten laut vor sich herzusagen und die Entsprechungen zu finden. Wenn sie sie gefunden haben, tragen sie die richtige Antwort zu ihrer Frage und die richtige Frage zu ihrer Antwort auf dem Kärtchen ein.
Halten Sie sich im Hintergrund, seien Sie aber bereit bei Verständnisschwierigkeiten zu helfen.

3. Wenn alle ihre Kärtchen vervollständigt haben, werden diese beiseite gelegt und die Rätsel noch einmal frei vorgetragen. Wer sie noch nicht kennt, darf raten!

Hier eine Liste von Rätseln:

Wo kommt der Donnerstag vor dem Mittwoch? – Im Wörterbuch.
Was geht von Hannover nach Berlin und bewegt sich nicht? – Die Autobahn.
Was zeigt jedem ein anderes Gesicht, hat aber selbst kein Gesicht. – Der Spiegel.
Was läuft und läuft und läuft nie davon? – Die Nase.
Welcher Spiegel ist unzerbrechlich? – Der Wasserspiegel.
Was hat Zähne und kann nicht beißen? – Der Kamm.
Was läuft viel und hat keine Füße? – Das Wasser.
Es hat Augen und sieht nichts. Was ist es? – Die Kartoffel.
Was hört ohne Ohren, spricht ohne Mund und antwortet in allen Sprachen. – Das Echo.
Was schmeckt besser als ein Stück Schokolade? – Zwei Stück Schokolade.
Man hat es immer bei sich, verliert es aber doch leicht. Was ist es? – Der Kopf.

A

F:	Wo kommt der Donnerstag vor dem Mittwoch?
A:	
F:	
A:	Der Wasserspiegel.

B

F:	Was geht von Hannover nach Berlin und bewegt sich nicht?
A:	
F:	
A:	Im Wörterbuch.

C

F:	Welcher Spiegel ist unzerbrechlich?
A:	
F:	
A:	Die Autobahn.

F:	
A:	
F:	
A:	

52

NIVEAU: ✶✶ bis ✶✶✶

LERNZIELE: Personen beschreiben und identifizieren

MATERIAL: Porträts aus Zeitschriften; Zeichenpapier

VORBEREITUNG:

Interessante Porträts aus Zeitschriften ausschneiden (Teilnehmerzahl + 7). Einige davon sollten einander sehr ähnlich sein und sich nur in Details unterscheiden.

Kleben Sie zwei ganzseitige Porträts auf je ein großes Blatt Zeichenpapier, so dass Vokabular rund um die Bilder herum geschrieben werden kann. Heften Sie eines der aufgeklebten Bilder gut sichtbar an die Wand.

UNTERRICHTSVERLAUF:

VARIANTE 1 (mit schriftlichen Antworten):

1. Lenken Sie die Aufmerksamkeit auf das Bild an der Wand, so dass eine Diskussion darüber entsteht. Lassen Sie vorerst die Lerner den ihnen bekannten Wortschatz verwenden und schreiben Sie das eingebrachte Beschreibungsvokabular rund um das Bild. Erst wenn die sprachlichen Möglichkeiten der Lerner erschöpft sind, helfen Sie mit zusätzlichen Wörtern aus.

Gegebenenfalls können Sie entsprechenden Themenwortschatz (Alter, Aussehen, Haarfarbe, Teile des Gesichtes etc.) einführen. Schreiben Sie auch diese neuen Wörter auf, vermeiden Sie es aber, die Übung zu einer Vokabelsammlung entarten zu lassen. Führen Sie nur Wörter ein, von denen Sie glauben, dass sie tatsächlich wiederverwendet werden.

2. Heften Sie nun das zweite Porträt an die Wand und gehen Sie analog vor.

3. Erklären Sie dann den Lernern, dass sie nun das Porträt einer Person erhalten, die unter dem Verdacht steht eine kleine Straftat wie Ladendiebstahl begangen zu haben. Die Lerner waren nämlich Zeugen des Vorfalls und sollen nun eine genaue Beschreibung der Person geben, die sie bei der Tat beobachtet haben.

Nun verteilen Sie die Bilder mit dem Hinweis sie den anderen nicht zu zeigen. Daraufhin nimmt jeder Lerner ein Extrablatt und beschreibt sein Bild.

4. Wenn alle Teilnehmer ihre Beschreibung abgeschlossen haben, sammeln Sie die Bilder und die Blätter ein. Mischen Sie nun die beschriebenen Blätter und verteilen Sie sie erneut. So erhält jeder Teilnehmer den Text eines anderen und liest diesen vor. Dabei stellt er/sie sich vor, wie die beschriebene Person wohl aussehen mag.

5. Während die Lerner ihre Beschreibungen vorlesen, mischen Sie die 5 zusätzlichen Porträts unter die Bilder. Breiten Sie nun alle auf dem Tisch aus oder heften Sie sie an die Wand oder an die Tafel.

Nun versuchen die Lerner herauszufinden, welches Bild der von ihnen vorgelesenen Beschreibung entspricht. Wenn sie glauben die richtige Lösung gefunden zu haben, können sie sich das vom Verfasser des Textes bestätigen lassen.

6. Wenn Sie noch einen Schritt weiter gehen wollen, können Sie die Lerner fragen, aufgrund welcher Details sie das Bild erkannt haben.

VARIANTE 2 (ohne schriftliche Antworten):

1. und 2. wie *Variante 1*

3. Verteilen Sie an die Hälfte der Klasse – die Zeugen der Straftat – je ein Bild. Die anderen sind die Detektive. Jeder Zeuge arbeitet mit einem Detektiv zusammen, dem er/sie eine mündliche Beschreibung des Täters liefert. (Natürlich darf das Bild dem Detektiv nicht gezeigt werden.) Die Detektive können sich Notizen machen.

Nun werden die Bilder eingesammelt, gemischt und ausgelegt oder angeheftet (vgl. Punkt 5 von *Variante 1*) und die Detektive müssen die Verdächtigen aufgrund der erhaltenen Beschreibungen identifizieren.

VARIANTE 3 (nur 2 Porträts nötig):

1. und 2. wie *Variante 1*

3. Jeder Teilnehmer fertigt eine Beschreibung eines anderen Teilnehmers an. Die Blätter werden (ohne Namen) an die verschiedenen freien Wände der Klasse geheftet.

4. Die Lerner gehen umher, lesen die Texte und schreiben den Namen der Person darunter, von der sie glauben, dass sie mit dieser Beschreibung gemeint ist.

5. Wenn alle ihre Vermutungen angestellt haben, teilen die Verfasser der Texte mit, wer die beschriebenen Personen tatsächlich sind.

Anmerkung zu *Variante 3:*
Es empfiehlt sich, die Beschreibung auf äußere Merkmale zu beschränken, die Übung mit Behutsamkeit zu steuern und nur in Gruppen einzusetzen, in denen ein gewisses gegenseitiges Vertrauen vorhanden ist.

53

NIVEAU: ✶✶ bis ✶✶✶✶

LERNZIELE: freies Sprechen und Schreiben; Erfahrungsaustausch zum Thema „Telefonieren“

VORBEREITUNG:

Kopieren Sie die Liste der Fragen auf Seite 83.

UNTERRICHTSVERLAUF:

1. Zeichnen Sie ein großes Telefon an die Tafel. Fragen Sie die Lerner, welche Erfahrungen sie mit dem Telefon haben, und versuchen Sie herauszufinden, ob sich mehrheitlich positive, negative oder gemischte Gefühle bei diesem Thema einstellen.

2. Teilen Sie die Klasse in Zweiergruppen. Verteilen Sie die Kopien mit den Fragen. Geben Sie den Lernern etwa 20 Minuten Zeit um diese Fragen mit dem Partner zu besprechen. Machen Sie deutlich, dass die Übung Anlass zum freien Sprechen bieten soll und dass es daher darum geht, möglichst viel zu diesem Thema zu sagen und zu hinterfragen. Gehen Sie umher und helfen Sie nur, wenn Ihre Hilfe gewünscht wird.

3. Schließlich schlagen Sie vor einen kleinen Text zu einem der folgenden Themen zu schreiben:
Ein unvergesslicher Telefonanruf.
Das Telefon: ein unverzichtbares Übel?
Ein altes Telefon erzählt ...

Die Länge des Textes und die Frage, ob er in der Unterrichtsstunde oder zu Hause geschrieben werden soll, hängt von der verfügbaren Zeit sowie vom Lernniveau der Klasse ab.

Diskutieren Sie folgende Fragen

- Wie reagieren Sie, wenn das Telefon läutet?
- Mit wem sprechen Sie regelmäßig am Telefon?
- Mit wem sprechen Sie gern am Telefon?
- Mit wem sprechen Sie ungern am Telefon?
- Welche Telefonnummern wissen Sie auswendig?
- Erinnern Sie sich, wann Sie zum letzten Mal das Telefonbuch benutzt haben?
- Haben Sie schon einmal ein Kissen auf das Telefon gelegt um es nicht zu hören? Wie haben Sie sich dabei gefühlt?
- Wie reagieren Sie, wenn Sie einen Anrufbeantworter hören?
- Erinnern Sie sich an einen (privaten oder geschäftlichen) Telefonanruf, der besonders wichtig für Sie war?
- Wie bereiten Sie sich auf einen wichtigen Telefonanruf vor?
- Wie fühlen Sie sich, wenn Sie am Telefon deutsch sprechen müssen? Welche Schwierigkeiten haben Sie normalerweise?
- Haben Sie zu Hause ein Telefon? Was für einen Apparat haben Sie? Wo ist er?
- Wer beantwortet normalerweise bei Ihnen das Telefon?
- Zu welcher Uhrzeit kann man Sie anrufen?
- Zu welcher Uhrzeit nicht?
- Erinnern Sie sich an einen seltsamen, lustigen oder beunruhigenden Anruf?

54

NIVEAU: ✶✶ bis ✶✶✶✶

LERNZIELE: Grammatikarbeit (nach Wahl der Lerner) und situationsgerechtes Sprechen

UNTERRICHTSVERLAUF:

1. Bitten Sie die Lerner je ein Grammatikproblem, das ihnen Schwierigkeiten bereitet, auf einen Zettel zu schreiben. Sammeln Sie dann die Zettel ein und wählen Sie eines der Phänomene aus, das Sie – gegebenenfalls in der nächsten Stunde – auf folgende Weise bearbeiten möchten:

2. Bitten Sie einen Teilnehmer, den Raum zu verlassen und möglichst viele beliebige Fragen beliebigen Inhalts vorzubereiten.

Inzwischen besprechen Sie das Grammatikphänomen mit der Klasse. Fördern Sie dabei vor allem den Informationsaustausch unter den Lernern und bringen Sie sich nur dann aktiv ein, wenn es nötig erscheint.

3. Bitten Sie den abwesenden Teilnehmer zurückzukommen und fordern Sie ihn auf seine Fragen zu stellen. Die anderen antworten, indem sie die behandelte Grammatikstruktur verwenden. Beispielsweise könnte eine Frage lauten: *Hast du/Haben Sie einen Hund?*, und die Antwort: *Ich habe einen hübschen Hund.*

Die nächste Frage könnte sein: *Wie gefällt dir/Ihnen diese Lektion?*, und die Antwort: *Das ist eine sehr interessante Lektion.*

Oder es könnte gefragt werden: *Hat deine/Ihre Mutter angerufen?*, und die Antwort könnte lauten: *Ja, ich hatte mit ihr ein langes Gespräch.*

Offensichtlich geht es hier um die Adjektivendungen.

Die Antworten können echt oder fiktiv sein. Der Teilnehmer, der die Fragen stellt, muss erraten, um welches Grammatikproblem es sich handelt.

Ziel der Übung ist es, eine Reihe von Kontexten zu finden, in denen die betreffende Struktur eine angemessene Verwendung findet.

55

NIVEAU: ✶✶ bis ✶✶✶✶

LERNZIELE: Satzbau

UNTERRICHTSVERLAUF:

1. Erklären Sie den Lernern, dass sie „Bäume“ kreieren werden, die aus Sätzen gebildet sind. Und da es leichter ist, von oben nach unten zu lesen als umgekehrt, werden diese Bäume auf dem Kopf stehen! Zeichnen Sie folgende Grafik an die Tafel:

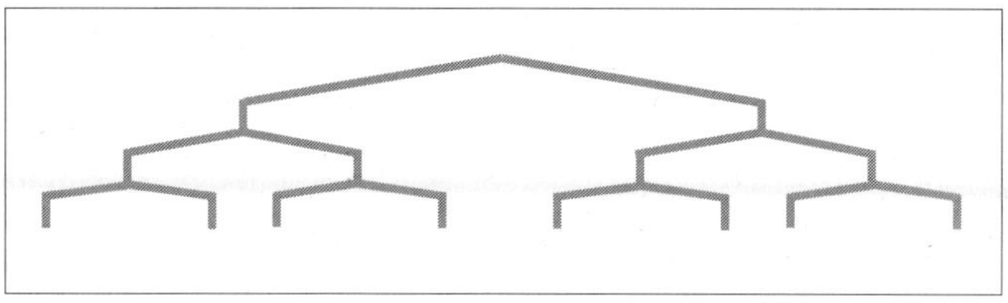

Erläutern Sie nun, dass an jeder Verzweigung ein Wort stehen wird, so dass bei 8 Verzweigungen letztlich 8 Sätze entstehen, die alle mit demselben Wort beginnen; je 4 Sätze werden auch das zweite Wort gemeinsam haben und je 2 Sätze das dritte. Die Länge der Sätze kann und soll unterschiedlich sein.

2. Teilen Sie die Klasse in zwei Gruppen (A und B). Die Gruppen arbeiten abwechselnd an der Tafel und entsenden jeweils einen Vertreter.

3. Ein Mitglied der Gruppe A schreibt an den oberen Rand der Tafel (in die Mitte zwischen dem linken und rechten Rand) ein Wort und setzt zwei „Zweige“ darunter.

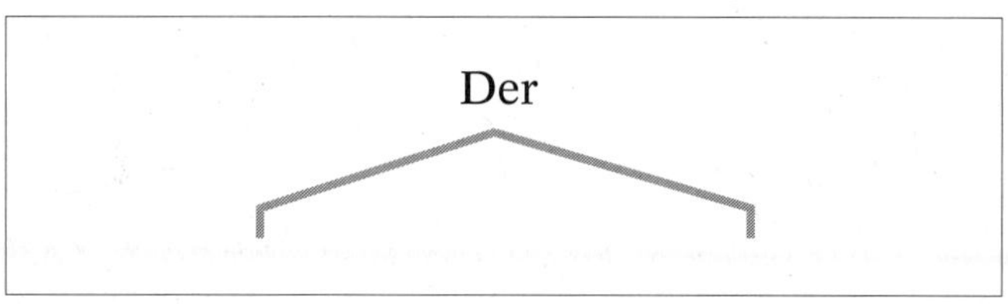

Dabei soll er/sie mindestens zwei Sätze im Sinn haben, die mit diesem Wort beginnen könnten.

4. Nun geht ein Mitglied der Gruppe B an die Tafel, fügt zwei Wörter hinzu, zeichnet vier neue „Zweige“ daran und liest die beiden Satzanfänge vor, die er/sie gebildet hat.

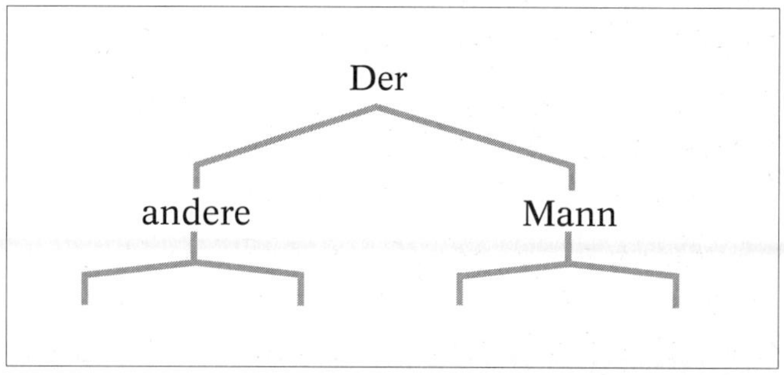

5. Nun ist wieder Gruppe A an der Reihe. Sobald acht „Zweige“ erreicht sind, wächst der Baum nur mehr gerade nach unten, d.h. es wird jeweils ein neues Wort an die bestehenden Zweige angehängt. Das Gruppenmitglied, das die neuen Wörter anfügt, muss jeweils die entstandenen Satzanfänge laut vorlesen.

6. Jede Gruppe überwacht die Arbeit der anderen. Wenn der Verdacht aufkommt, dass fehlerhafte oder sinnwidrige Sätze entstehen, muss die verantwortliche Gruppe Rechenschaft ablegen und sagen, welchen Satz sie im Sinn hatte, als sie das neue Wort anfügte.

7. Wenn das Spiel Wettbewerbscharakter bekommen soll, können Strafpunkte für fehlerhafte Sätze und Pluspunkte für die richtige Verwendung bestimmter Wörter oder Strukturen vergeben werden.

Ein fertiger „Baum“ mit 8 „Zweigen“ könnte beispielsweise so aussehen:

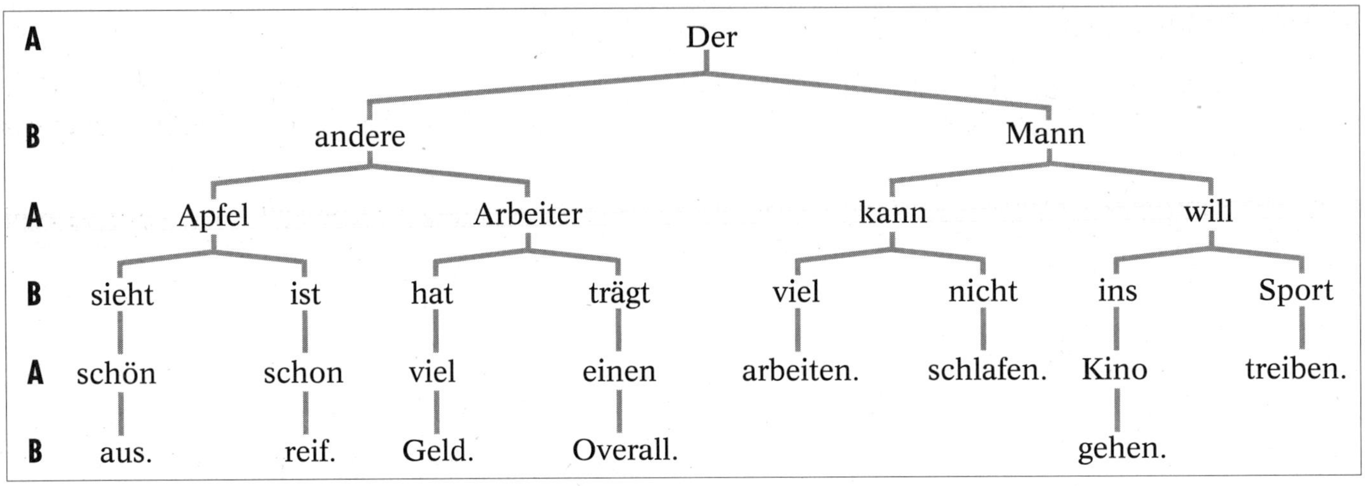

VARIANTEN:

1. Die Anzahl der Zweige sollte bei niedrigerem Lernniveau auf 4 beschränkt werden. Andererseits sollte selbst bei sehr fortgeschrittenen Gruppen, die in der Lage sind syntaktisch anspruchsvollere Sätze zu bilden, über 8 Zweige nicht hinausgegangen werden, da der Prozess sonst leicht außer Kontrolle gerät.

2. Gegebenenfalls können für die ersten Wörter bestimmte Vorgaben gemacht werden. Beispielsweise muß mit einem Fragewort, einem direkten oder indirekten Pronomen, einem Modalverb etc. begonnen werden.

Auch kann die Verwendung eines bestimmten Wortes oder einer bestimmten Struktur innerhalb des Satzes verlangt werden um die Schwierigkeit zu erhöhen.

3. Bei kleineren Gruppen ist die Bildung von zwei Teams nicht sinnvoll. Es empfiehlt sich vielmehr, eine/n „Sekretär/in“ zu bestellen, der/die die Wörter auf Zuruf aus der Klasse an die Tafel schreibt.

4. Sobald die Regeln dieses Spiels bekannt sind, kann die Übung auch paarweise gemacht werden. Dabei werden Pluspunkte an das Paar vergeben, das die kürzesten, die längsten oder die komplexesten Sätze gebildet hat.

Das Arbeiten zu zweit erlaubt es außerdem, ein gezieltes Üben bestimmter Strukturen nach individuellen Bedürfnissen auszurichten: Das eine Paar mag sich beispielsweise mit dem Imperativ beschäftigen, das andere vielleicht eher mit dem Possessivpronomen.

56

NIVEAU: ✶✶ bis ✶✶✶✶

LERNZIELE: Hörverstehen und Nacherzählen

MATERIAL: möglichst Kassettenrekorder und eine leere Kassette (vgl. auch Variante); eine Geschichte (z.B. Lehrbuchtext) in Kopien

VORBEREITUNG:

1. Wählen Sie eine Geschichte aus, die kein unbekanntes Vokabular enthält. Besonders geeignet sind Texte mit spannender Handlung, aber auch Kochrezepte, Briefe, Auszüge aus Rundfunknachrichten etc.

2. Zeigen Sie einem Lerner, wie man den Kassettenrekorder bedient und bestellen Sie ihn/sie zum „Medieningenieur".

3. Stellen Sie den Rekorder auf „Aufnahme" und „Pause" ein.

UNTERRICHTSVERLAUF:

1. Erläutern Sie die Übung: Alle – außer Lerner A und dem Medieningenieur – verlassen den Raum. (Sie werden später einzeln wieder hereingerufen um eine Geschichte zu hören, die sie nacherzählen werden.)

2. Sobald nur noch Lerner A und der Medieningenieur im Raum sind, lesen Sie die Geschichte zweimal vor. Eine der beiden Versionen wird auf Kassette aufgenommen.

3. Nun kommt Lerner B herein und lässt sich von Lerner A die Geschichte (einmal) erzählen. Der Medieningenieur nimmt diese Erzählung auf Kassette auf.

4. Nun verlässt A den Raum und C kommt herein um sich von B seine Version der Geschichte erzählen zu lassen. Die Übung wird fortgesetzt, bis der letzte Lerner an der Reihe war.

5. Anschließend versammelt sich die Klasse im Plenum und hört sich alle Versionen der Geschichte an. Dabei soll insbesondere auf Auslassungen und Abweichungen geachtet werden, die jeder Lerner für sich notiert. Daraufhin werden diese in Zweiergruppen, in Kleingruppen oder im Plenum besprochen. Nach einigen Minuten verteilen Sie die Kopien des Originaltextes.

6. Zum Abschluss bietet sich eine Diskussion darüber an, warum einige Details ausgelassen und andere hinzugefügt wurden.

VARIANTE:

Wenn die Klasse mehr als 12 Teilnehmer hat, wählen Sie etwa 6 als „Akteure" aus. Die anderen nehmen als „Beobachter" teil.

Wenn Sie keinen Kassettenrekorder zur Verfügung haben, bietet sich ebenfalls diese Variante an: die Abweichungen werden von den „Beobachtern" notiert und anschließend (vgl. Punkt 5) besprochen.

57

NIVEAU: ✶✶ bis ✶✶✶✶

LERNZIELE: kursorisches Lesen, Hörverstehen, Gehörtes identifizieren

MATERIAL: Kassettenaufnahme eines Lesetextes, Kopien des Textes, Kassettenrekorder mit Zählwerk

VORBEREITUNG:

Wählen Sie einen interessanten Lesetext (evtl. aus dem Lehrbuch) von maximal 25 Zeilen aus, nummerieren Sie die Zeilen (1, 5, 10 etc.) und fertigen Sie Kopien an.

UNTERRICHTSVERLAUF:

1. Verteilen Sie die Kopien an die Lerner und geben Sie ihnen etwa zwei Minuten Zeit um den Text zu überfliegen. Vermeiden Sie es, den Text gründlich durchzuarbeiten, denn in dieser Übungs-phase geht es um kursorisches Lesen.

2. Legen Sie die Kassette ein, spulen Sie sie bis zu einem beliebigen Punkt vor (Zählwerk beachten!) und spielen Sie dann eine Passage von etwa 2 Zeilen Länge vor.

Fragen Sie nun die Lerner, welche Zeilen sie gehört haben. Dabei können die Lerner entweder den Textteil vorlesen oder aber nur die Zahl der Zeile angeben, auf die sich das Gehörte bezieht. Wenn nötig, spielen Sie die Passage ein zweites Mal vor.

3. Wiederholen Sie nun den in Punkt 2 beschriebenen Vorgang durch Vor- und Zurückspulen der Kassette. Vergessen Sie dabei nicht das Zählwerk immer im Auge zu behalten.

Nach und nach können Sie die Textpassagen verkürzen und schließlich jeweils nur noch wenige Wörter vorspielen. Beenden Sie die Übung, bevor das Interesse der Lerner nachlässt.

4. Zum Abschluss spielen Sie den gesamten Text vor.

Anmerkung:
Dieser Übung gelingt es, den langweiligsten Text lebendig zu machen! Den Lernern macht es Spaß aufmerksam zuzuhören, um das Gehörte im geschriebenen Wort wiederzuerkennen und sich so einen Text spielerisch zu erarbeiten.

58

NIVEAU: ✶✶ bis ✶✶✶✶

LERNZIELE: Vervollständigung eines Textes; gezielt ausgewählte Grammatik- oder Wortschatzarbeit

MATERIAL: Tipp-Ex; Kopien der bearbeiteten Textversion sowie des Originaltextes (s. Seite 90 f.)

VORBEREITUNG:

Kopieren Sie die Textvorlage auf Seite 91 oder wählen Sie selbst einen geeigneten Text aus. Im letzteren Fall bearbeiten Sie das Material wie folgt:

1. Löschen Sie mit Tipp-Ex diejenigen Wörter, auf die Sie die Aufmerksamkeit der Lerner lenken wollen. Dabei kann es sich entweder um Lexis aus einem bestimmten Themenbereich handeln oder aber um bestimmte Grammatikphänomene. Wenn Sie zum Beispiel den richtigen Gebrauch der Verbformen üben wollen, löschen Sie eine entsprechende Anzahl von Verben.

Ein und dasselbe Wort darf nur einmal gelöscht werden. Es empfiehlt sich, die Lücken im Text zu nummerieren.

2. Unter dem Text stellen Sie eine alphabetisch geordnete Liste der gelöschten Wörter zusammen, wobei diese jeweils nur in einer möglichst neutralen Form (Substantive im Singular, Adjektive in der männlichen Form, Verben im Infinitiv) angegeben werden.

3. Kopieren Sie die bearbeitete Textversion mit der Wortliste sowie gegebenenfalls auch den Originaltext.

UNTERRICHTSVERLAUF:

1. Verteilen Sie die bearbeitete Textversion. Erklären Sie den Lernern, dass sie die angeführten Wörter sinngemäß in die Textlücken einfügen sollen und dass jedes Wort nur einmal vorkommt. Weisen Sie auch darauf hin, dass die angegebenen Grundformen entsprechend den Erfordernissen des Textes abgewandelt werden müssen. Es kann individuell, in Paaren oder in Kleingruppen gearbeitet werden. Die Benutzung des Wörterbuchs ist erlaubt, ja sogar erwünscht.

2. Anschließend einigt sich das Plenum auf eine gemeinsame Textfassung. Zum Abschluss können Kopien des Originaltextes verteilt werden um die Ergebnisse zu überprüfen.

Anmerkung:
Diese Übung bietet den Vorteil, dass sie auch bei inhomogenen Klassen sinnvoll eingesetzt werden kann: Fortgeschrittenere Lerner erhalten eine Textversion mit mehr oder anderen (= schwierigeren) Lücken als die weniger fortgeschrittenen Kursteilnehmer. Dennoch wird gemeinsam auf ein und dasselbe Ziel, d.h. die Rekonstruktion des Originaltextes, hingearbeitet.

Pünktlich ist noch lange nicht höflich genug

ALLENSBACH (wid). Jeder zweite Erwachsene in der Bundesrepublik hält Pünktlichkeit für eine besonders gute und wichtige Eigenschaft.

Ehrlichkeit, Gerechtigkeit, Zuverlässigkeit, Hilfsbereitschaft und Treue scheinen den meisten freilich noch wichtiger zu sein. Allerdings muss man davon ausgehen, dass nicht alle das gleiche unter Pünktlichkeit verstehen.

In einer Befragung hat das Institut für Demoskopie in Allensbach zum Thema Pünktlichkeit festgestellt, dass für 33 Prozent der Bundesbürger punktpünktlich noch lange nicht höflich genug ist. Nach dieser Meinung soll man bei einer Verabredung zum Essen besser ein paar Minuten vor der Zeit da sein. Acht Prozent sind der Ansicht, es wäre besser, ein paar Minuten nach der angegebenen Zeit zu erscheinen. 55 Prozent bestehen jedoch darauf, dass Höflichkeit darin besteht, beim Gastgeber auf die Minute genau zu erscheinen.

Männer und Frauen haben in dieser Frage der Pünktlichkeit ziemlich genau die gleichen Vorstellungen.

(Quelle: Schwäbisches Tagblatt 28.4.87. © WID.)

Pünktlich ist noch lange nicht höflich genug

ALLENSBACH *(wid)*. Jeder zweite (1) ________________ in der Bundesrepublik hält Pünktlichkeit für eine besonders gute und wichtige (2) ________________.

Ehrlichkeit, (3) ________________, Zuverlässigkeit, Hilfsbereitschaft und Treue scheinen den meisten freilich noch wichtiger zu sein. Allerdings muss man davon ausgehen, dass nicht alle das gleiche unter (4) ________________ verstehen.

In einer (5) ________________ hat das Institut für Demoskopie in Allensbach zum Thema Pünktlichkeit (6) ________________, dass für 33 (7) ________________ der Bundesbürger punktpünktlich noch lange nicht höflich genug ist. Nach dieser (8) ________________ soll man bei einer (9) ________________ zum Essen besser ein paar Minuten vor der Zeit da sein. Acht Prozent sind der Ansicht, es wäre besser, ein paar Minuten nach der (10) ________________ Zeit zu erscheinen. 55 Prozent bestehen jedoch darauf, dass Höflichkeit darin besteht, beim Gastgeber auf die (11) ________________ genau zu erscheinen.

Männer und Frauen haben in dieser Frage der Pünktlichkeit ziemlich genau die gleichen (12) ________________.

(Quelle: Schwäbisches Tagblatt 28.4.87. © WID.)

Fehlende Wörter (angegeben im Singular und Infinitiv)

angeben
Befragung
Eigenschaft
Erwachsene
feststellen
Gerechtigkeit
Meinung
Minute
Prozent
Pünktlichkeit
Verabredung
Vorstellung

59

NIVEAU: ✶✶ bis ✶✶✶✶

LERNZIELE: Vokabelwiederholung (nach individueller Wahl der Lerner); freie Textproduktion

MATERIAL: 12 bis 15 Bilder oder Fotos mit einprägsamen visuellen Elementen; Haftstreifen o. ä. zum Befestigen der Fotos an den Wänden; großer Unter-richtsraum, der es den Lernern erlaubt, sich frei zu bewegen

VORBEREITUNG:

Befestigen Sie die Bilder an den Wänden des Unterrichtsraums.

UNTERRICHTSVERLAUF:

1. Bitten Sie die Lerner mindestens 6 Wörter aufzulisten, die sie sich nur schwer merken können, oder solche, die sie erst kürzlich gelernt haben. Diese kleine Erinnerungsübung kann auch als Hausaufgabe vergeben werden.

2. Fordern Sie die Lerner auf umherzugehen und sich insgeheim ein Bild auszuwählen, mit dem sie arbeiten wollen. (Es spielt keine Rolle, wenn ein und dasselbe Bild von mehreren Personen gewählt wird.)

3. Nun geht es darum, eine Geschichte zu diesem Bild zu schreiben und dabei mindestens 5 der aufgelisteten Wörter zu verwenden. Diese Wörter werden unterstrichen. In der Zwischenzeit gehen Sie umher, helfen, wo es nötig ist, und machen gegebenenfalls Verbesserungsvorschläge.

4. Bitten Sie die Lerner Kleingruppen zu bilden, sich gegenseitig die Texte vorzulesen und die Bilder zu erraten, auf die sie sich beziehen.

5. Wenn alle Gruppen damit fertig sind, bitten Sie die Lerner ihre Namen unter die Texte zu schreiben, sie neben den betreffenden Bildern an der Wand zu befestigen und dann umherzugehen und über Texte und Bilder zu sprechen.

Regen Sie an, dass die Lerner vereinbaren sich in der nächsten Unterrichtsstunde gegenseitig abzufragen, um zu überprüfen, ob sie sich die jeweiligen Wörter gemerkt haben.

60

NIVEAU: ✶✶ bis ✶✶✶✶

LERNZIELE: kreatives Schreiben – freie Textproduktion

MATERIAL: Reproduktionen berühmter Gemälde (möglichst Postkartengröße) und kleine Kärtchen (je 1 pro Lerner)

VORBEREITUNG:

Wählen Sie einige Reproduktionen von nicht allzu modernen Gemälden aus. Schreiben Sie auf jedes Kärtchen ein Wort, das einen modernen Gegenstand bezeichnet, z.B. *Fernseher, Schreibmaschine, Waschmaschine, Hubschrauber* etc.

UNTERRICHTSVERLAUF:

1. Geben Sie jedem Lerner ein Bild und ein Kärtchen. Es geht nun darum, eine Geschichte zu schreiben, die die beiden Elemente in irgendeiner Weise verbindet. Wenn Sie wollen, können Sie ein Beispiel vorgeben, aber wahrscheinlich ist dies nicht erforderlich.
Gehen Sie umher und helfen Sie, wenn es nötig ist. Korrigieren Sie aber nur sehr behutsam und unterbrechen Sie keinesfalls den Gedankengang beim Schreiben. Achten Sie auch darauf, dass der Stil des Lerners durch Ihre Korrekturen nicht verkrampft wird.

2. Wenn alle ihre Geschichte beendet haben, präsentieren die Lerner reihum ihr Bild, teilen das Wort mit und tragen ihre Geschichte vor.

Hier zwei Beispiele für eine Geschichte:

Bild: Frans Hals, *„Malle Babbe“*

Wort: *Schreibmaschine*

Auf diesem Bild sehe ich eine Frau. Sie hat ein Glas Bier in der Hand und eine Eule auf der Schulter. Sie lächelt und schaut um sich. Sie sucht eine Schreibmaschine, weil sie ihrem Mann einen Brief schicken will. Sie will ihm schreiben, dass sie sehr glücklich ist.

Bild: P.S.Krøyer, *„To fruer på stranden“*

Wort: *Hubschrauber*

Hier sind zwei elegante Frauen, die einen Strandspaziergang machen. Wer weiß, was sie sich erzählen? Bald wird ein Hubschrauber landen um sie in ihr Landhaus zu bringen.

61

NIVEAU: ✶✶ bis ✶✶✶✶

LERNZIELE: Wortschatzarbeit und Textproduktion

VORBEREITUNG:

Korrektur der Lernertexte (für die zweite Unterrichtsstunde)

UNTERRICHTSVERLAUF:

Erste Unterrichtsstunde:

1. Lassen Sie sich von der Klasse 6 deutsche Wörter diktieren und schreiben Sie diese an die Tafel, z.B. *die Sonne, die Hand, die Frau, die Mutter, das Büro, der Hund.*

2. Teilen Sie die Klasse in 6 Gruppen und teilen Sie jeder Gruppe ein Wort zu. Es ist nun Aufgabe der Gruppe, zu dem betreffenden Wort möglichst spontan weitere Wörter zu assoziieren. Geben Sie den Lernern dafür 5 Minuten Zeit. Daraufhin schreibt jeweils ein als „Sekretär/in" bestelltes Gruppenmitglied die Ergebnisse an die Tafel. Dieser Tafelanschrieb könnte beispielsweise so aussehen:

DIE SONNE	**DIE HAND**
der Mond, der Stern, der Sommer, der Sonnenbrand	der Ring, die Freundschaft, die Begrüßung, tasten
DIE FRAU	**DIE MUTTER**
der Mann, der Haushalt, die Diskriminierung, der Feminismus	der Vater, die Schwangerschaft, die Kinder, die Familie
DAS BÜRO	**DER HUND**
die Arbeit, das Telefon, der Computer, der Kollege	die Katze, beißen, bellen, der Schäfer

3. Bitten Sie nun die Lerner alle 6 Wortgruppen abzuschreiben. Stellen Sie sicher, dass jeder Lerner die Bedeutung sämtlicher Wörter kennt. Es geht nun darum, in Gruppenarbeit eine kleine Geschichte zu schreiben, in der *mindestens ein* Wort aus *jeder* Wortgruppe vorkommt.

4. Sammeln Sie die Geschichten ein und korrigieren Sie sie zu Hause.

Zweite Unterrichtsstunde:

5. In der nächsten Stunde bitten Sie die Lerner sich wieder in den alten Gruppen zusammenzufinden. Geben Sie nun jeder Gruppe ihren – von Ihnen korrigierten – Text, der von einem/r Sprecher/in vorgelesen wird. Der Rest der Klasse hört aufmerksam zu und überprüft, ob die entsprechenden Wörter darin vorkommen.

VARIANTE:
Diese Aufgabe kann auch als Hausarbeit vergeben werden, wobei es reizvoll sein kann, für die Texte, die die größte Anzahl der vorgegebenen Wörter enthalten, Pluspunkte zu vergeben bzw. kleine Preise auszusetzen.

62

NIVEAU: ✶✶ bis ✶✶✶✶

LERNZIELE: Wortschatzarbeit und Textproduktion

MATERIAL: mehrere große Blätter Papier (möglichst Flip-Chart); dicker Filzstift; Reißnägel, Hafties oder Tesafilm zum Befestigen

VORBEREITUNG:

Denken Sie sich ein Diskussionsthema aus; hier einige Beispiele zur Anregung:
- *Was muss man tun um die Erde zu retten?*
- *Die Gesellschaft der Zukunft*
- *Das Leben im Alter*
- *Die Rolle der Frau in der Welt von heute*
- *Der Hunger in der Dritten Welt – Gründe und Abhilfe*

UNTERRICHTSVERLAUF:

1. Sagen Sie den Lernern, dass Sie ein Diskussionsthema an das Flip-Chart schreiben werden und dass sie, sobald sie das Thema gelesen haben, laut sagen sollen, welche Wörter und Wendungen ihnen dazu einfallen.

2. Schreiben Sie nun das Thema an das Flip-Chart und notieren Sie alle Wörter, Satzfetzen, bildlichen Ausdrücke etc., die Ihnen die Lerner zurufen. Greifen Sie helfend ein, wenn Lerner nach neuem Vokabular suchen oder erst flüchtig Gelerntes wieder ins Gedächtnis rufen möchten.

Der Übungsablauf kann hin und wieder ins Stocken geraten: zeigen Sie Geduld, versuchen Sie aber dennoch den Prozess auf möglichst unauffällige Weise wieder anzukurbeln.

3. Wenn keine neuen Assoziationen mehr produziert werden, bitten Sie die Lerner die Wörter am Flip-Chart durchzulesen und zu überlegen, wie sie gruppiert werden könnten. Es empfiehlt sich, jede Gruppe mit einem Buchstaben oder Symbol zu kennzeichnen. Wahrscheinlich wird eine Reihe von Wörtern übrigbleiben, die sich in keine Gruppe eingliedern lässt. Beim Thema *Die Rolle der Frau in der Welt von heute* könnten beispielsweise u.a. folgende Gruppen und Wörter zusammengestellt werden:

A die Karriere, die Halbtagsarbeit, das Studium etc.

B das Haus, die Kinder, die Küche etc.

C die Diskriminierung, die Feministin etc.

Schreiben Sie die Wörter je einer Gruppe auf ein großes Blatt Papier und befestigen Sie die Blätter an den Wänden des Unterrichtsraums.

4. Nun sucht sich jeder Lerner diejenige Wortgruppe aus, die ihm/ihr am meisten zusagt, und bildet daraufhin eine Kleingruppe mit den Kursteilnehmern, die dieselbe Wahl getroffen haben. Es geht jetzt darum, in Gruppenarbeit einen Text zu erstellen, der alle Wörter der entsprechenden Gruppe enthält. Geben Sie Hilfestellung, wo es nötig ist.

5. Ein Sprecher jeder Gruppe trägt sodann den Text im Plenum vor. Anschließend wird er besprochen, kritisiert und gegebenenfalls korrigiert.

6. Um das Sprachmaterial zur Wiederholung zu nutzen sammeln Sie die Texte ein, tippen sie und verteilen sie in einer der nächsten Stunden. Sie können so als Diskussionsgrundlage verwendet werden.

63

NIVEAU: ✶ ✶ ✶

LERNZIELE: über die Unterrichtserwartungen diskutieren; Ansichten äußern

Dieser Übungstyp dient dazu, Hemmungen in einer neu zusammengesetzten oder wenig kommunikationsfreudigen Gruppe abzubauen und dem Lehrer Einblick in die in ihn gesetzten Erwartungen zu geben. Auch andere „heikle Themen“ können in derselben Weise angegangen werden.

VORBEREITUNG:

Seite 97 kopieren. Sie benötigen für jeden Teilnehmer eine Kopie sowie mindestens eine zusätzliche Kopie. Letztere zerschneiden Sie in 9 „Kärtchen“. Entsprechend Ihrer Teilnehmerzahl – wir gehen von 10-12 Personen aus – fügen Sie noch ein bis drei leere Kärtchen hinzu, die Sie mit der Anweisung versehen:
Schreiben Sie, was Sie wirklich denken.

UNTERRICHTSVERLAUF:

1. Verteilen Sie die Kärtchen an die Lerner. (Es empfiehlt sich, alle Kärtchen in einen Hut oder in eine Tasche zu geben und die Lerner selbst ziehen zu lassen. Durch das Zufallsprinzip werden nämlich etwaige Hemmungen, sich über negative Gefühle zu äußern, abgebaut.)

2. Geben Sie den Lernern nun Zeit für eine 10-15-minütige Diskussion, die von einem der Teilnehmer moderiert wird. Dabei sollen sich die Teilnehmer aus ihrer *Rolle* heraus äußern bzw. entsprechend verhalten ohne direkt zu sagen, was auf ihrem Kärtchen steht.

Während der Diskussion stehen Sie den Lernern zur Verfügung, wenn sie Vokabelhilfe oder andere Unterstützung benötigen.

3. Nach etwa 15 Minuten beenden Sie die Diskussion und verteilen die kopierten Blätter. Die Lerner sollen nun herausfinden, wer welches Kärtchen hat und wer gesagt hat, „was er/sie wirklich denkt“. Fordern Sie die Lerner auf ihre Vermutungen zu begründen.

4. An dieser Stelle sind die Lerner oft bereit ihre Bedürfnisse und Erwartungen zu klären und kundzutun.

Bestimmen Sie nun als neuen Moderator einen Teilnehmer, der gesagt hat, „was er wirklich denkt“, und beginnen Sie eine neuerliche Diskussion, in der jeder seine eigenen Standpunkte, Erwartungen, Wünsche und Empfindungen einbringen kann.

Herr A: Warum muss ich die Fehler der anderen hören? Ich möchte eine Sprache richtig lernen. Meiner Meinung nach muss ein Lehrer alle Fehler korrigieren.

Frau B: Mir gefallen besonders die Spiele. Ich bin eigentlich hier um Leute kennen zu lernen. Wenn ich zudem noch etwas lerne, umso besser.

Frau C: Ich hasse Diskussionen, z.B. die politischen. Mich stört es, wenn sich die Leute nicht einigen können. Im Deutschkurs möchte ich Spaß haben und nicht diskutieren.

Herr D: Ich möchte Kontakt mit den Leuten bekommen. Wenn ich Fremdsprachen spreche, kann ich mehr Menschen kennen lernen. Und wenn ich Fehler mache, ist es mir egal, solange mich die anderen verstehen.

Herr E: Im Allgemeinen reden die Lehrer zuviel. Sie stehen immer im Mittelpunkt.

Frau F: Im Grunde genommen lerne ich mehr, wenn ich allein mit einem Buch lerne. Alle diese Diskussionen und Tätigkeiten in der Stunde finde ich uneffektiv.

Herr G: Als Intellektueller bin ich mit der Spielerei nicht einverstanden. Man verliert zu viel Zeit. Außerdem ist das etwas für Kinder.

Frau H: Warum fragt ihr mich? Der Lehrer muss es doch wissen, er gibt doch die Stunde.

Herr I: Die Grammatik ist die Basis von allem. Ohne Grammatik kann man nicht anfangen zu sprechen.

64

NIVEAU: ✶ ✶ ✶

LERNZIELE: syntaktisch korrekte Sätze bilden

MATERIAL: Zeitung oder Zeitschrift

VORBEREITUNG:

Kopieren Sie eine Seite aus einer Zeitschrift oder Zeitung etwa 3 bis 5 Mal.

UNTERRICHTSVERLAUF:

1. Bilden Sie Dreier- oder Vierergruppen und verteilen Sie an jede Gruppe ein kopiertes Blatt.

2. Jede Gruppe wählt nun einen Artikel aus und entnimmt diesem ein bis zwei Sätze (mit insgesamt höchstens 24 Wörtern). Sie gehen umher und stellen sicher, dass das gesamte Vokabular verstanden wird.

3. Fordern Sie dann die Gruppen auf, auf einem Blatt Papier ihre Sätze in 4 Kolumnen von je 6 Wörtern aufzuschreiben. Z.B. sollten die Sätze: *Von ihrer brennenden Jacht wurden am Mittwoch in der Kieler Bucht drei deutsche Seeleute gerettet. Die Ursache des Feuers konnte noch nicht geklärt werden.*
so angeordnet werden:

VON	**MITTWOCH**	**DEUTSCHE**	**FEUERS**
IHRER	**IN**	**SEELEUTE**	**KONNTE**
BRENNENDEN	**DER**	**GERETTET**	**NOCH**
JACHT	**KIELER**	**DIE**	**NICHT**
WURDEN	**BUCHT**	**URSACHE**	**GEKLÄRT**
AM	**DREI**	**DES**	**WERDEN**

4. Sammeln Sie nun die Blätter ein und verteilen Sie sie neu. Achten Sie darauf, dass keine der Gruppen ihr eigenes Blatt zurückbekommt. Nun erhält jede Gruppe die Aufgabe unter Verwendung der in jeder Zeile vorhandenen Wörter Sätze zu bilden, wobei weiteres Wortmaterial hinzugefügt werden darf. Die Länge der Sätze spielt keine Rolle, sie sollen aber grammatikalisch und syntaktisch korrekt sein. Hier ein Beispiel:

Letzten MITTWOCH wurden zahlreiche DEUTSCHE VON ihrem Campingplatz in Alicante aufgrund eines sich rasch ausbreitenden FEUERS vertrieben.

Die Gruppe, die zuerst fertig ist und 6 richtige Sätze vorweisen kann, hat gewonnen.

65

NIVEAU: ✶✶✶

LERNZIELE: Leseverstehen, Analysieren und Konstruieren von Sätzen

MATERIAL: kleine Kärtchen oder Zettel

VORBEREITUNG:

Suchen Sie aus verschiedenen (möglichst) bekannten Lesetexten (z.B. aus bereits behandelten Lehrbuchtexten) je einen relativ komplexen Satz aus und schreiben Sie ihn auf ein Kärtchen. Sie benötigen für jeden Lerner einen Satz. (Wenn Sie es vorziehen, in Paaren arbeiten zu lassen, reicht ein Satz für je zwei Lerner.)

Hier ein Beispiel: *In einer Befragung hat das Institut für Demoskopie in Allensbach zum Thema Pünktlichkeit festgestellt, dass für 33 Prozent der Bundesbürger punktpünktlich noch lange nicht höflich genug ist.*

(Quelle: Schwäbisches Tagblatt 28.4.87. © WID.)

UNTERRICHTSVERLAUF:

1. Erklären Sie den Lernern, dass Sie ihnen nun einen etwas komplexen Satz, den sie bereits kennen, präsentieren werden und dass die Aufgabe darin besteht, die Informationen, die in diesem Satz enthalten sind, in mehreren einfachen Sätzen auszudrücken.

2. Erläutern Sie dies an einem Beispiel, indem Sie einen Satz an die Tafel schreiben und diesen gemeinsam mit den Lernern in Einzelsätze zerlegen. Wenn wir vom obigen Beispielsatz ausgehen, könnte dies so aussehen:
Das Institut für Demoskopie ist in Allensbach.
Es hat eine Befragung durchgeführt.
Die Befragung war über das Thema Pünktlichkeit.
Ein Ergebnis war, dass für 33 Prozent der Bundesbürger punktpünktlich noch lange nicht höflich genug ist.

3. Verteilen Sie nun die Kärtchen mit den Sätzen und bitten Sie die Lerner jeweils ihren Satz zu zerlegen, die neuen Sätze untereinander auf einen Zettel zu schreiben und eine Überschrift dazu zu erfinden.

4. In der Zwischenzeit gehen Sie umher und berichtigen die Fehler.

5. Wenn die Lerner bzw. Zweiergruppen ihre Arbeit abgeschlossen haben, sammeln Sie die Originalsätze ein.

6. Bitten Sie nun die Lerner ihre Zettel auszutauschen und zu versuchen aus den aufgelisteten kurzen Sätzen einen komplexeren Satz zu bilden, der einen Sinn ergibt.

7. Auch hierbei greifen Sie unterstützend ein, wenn Hilfe erforderlich ist, und hängen dann die neu zusammengebauten Sätze an die Wand, damit sie alle sehen können.

8. Nun sagen Sie den Lernern, aus welchen Texten die Originalsätze stammen und bitten sie, sie zu suchen. Dies ist gegebenenfalls eine sinnvolle Hausaufgabe, die das kursorische Lesen einüben lässt. Anschließend kann über die Unterschiede zwischen der Originalfassung und der Lernerfassung gesprochen werden, wobei die Originalversion nicht immer die beste sein muss!

66

NIVEAU: ✶✶✶
LERNZIELE: Wortschatz (Wörter, die man leicht verwechselt)
MATERIAL: Zettel oder Kärtchen

VORBEREITUNG:

a) Stellen Sie eine Liste der Wörter zusammen, die bei den Lernern – entsprechend dem jeweiligen Lernniveau – oft zu Verwechslungen führen. Bereiten Sie sich so vor, dass Sie die Unterschiede deutlich erklären können. Hier eine mögliche Liste:

> *da/dann – furchtbar/fruchtbar – fühlen/füllen – ganz/alle – kindlich/kindisch – Jagd/Jacht – Lied/Lid – seid/seit – liegen/legen – als/wie – man/Mann – fiel/viel – müssen/sollen – Ähre/Ehre – Schatz/Tresor – setzen/sitzen – tätig/tätlich – Stiel/Stil – Staat/Stadt – stehen/stellen – dass/das – Fälle/Felle – wieder/wider – zeitig/zeitlich – dehnen/denen – Wahl/Wal – bis/biss – Rad/Rat – Waagen/Wagen – Stadt/statt*

b) Schreiben Sie – für jeden Teilnehmer – je drei Wörter auf einen Zettel. Achten Sie dabei darauf, dass Sie die Auswahl so treffen, dass das jeweilige „Partnerwort“ auf einem anderen Kärtchen verwendet wird, z.B:

> *da – furchtbar – kindisch*

> *dann – ganz – seit*

> *fruchtbar – Jagd – Lied*

> *kindlich – wider – liegen*

UNTERRICHTSVERLAUF:

1. Verteilen Sie an die Lerner je einen der Zettel mit drei Wörtern. Jeder Lerner geht nun umher und versucht die drei Partner zu finden, auf deren Zetteln jeweils ein Wort steht, das mit einem seiner/ihrer Wörter leicht verwechselt werden kann.

2. Wenn Sie der Übung Wettbewerbscharakter verleihen wollen, beenden Sie das Spiel, sobald der erste Lerner seine Partner gefunden hat. Andernfalls warten Sie so lange, bis alle ihre Aufgabe gelöst haben.

In der Zwischenzeit können Sie schnellere Lerner mit weiteren und anspruchsvolleren Beispielen beschäftigen.

Wenn nötig geben Sie Gelegenheit auftretende Fragen zu klären.

3. Fordern Sie nun die Lerner dazu auf, einige Sätze zu bilden um den unterschiedlichen Gebrauch oder die unterschiedliche Bedeutung der „Partnerwörter“ zu verdeutlichen. Gehen Sie umher und überprüfen Sie, was die Lerner geschrieben haben. Schließlich lesen einzelne Teilnehmer ihre Wörter und Sätze laut vor und die anderen kommentieren sie.

Anmerkung:
Diese Übung veranlasst meist die Lerner über weitere Vokabelprobleme zu sprechen.

67

NIVEAU: ✶✶✶

LERNZIELE: Konjunktiv, würde + Infinitiv, Bedingungssatz

UNTERRICHTSVERLAUF:

1. Ein Lerner verlässt den Raum. Die Gruppe vereinbart, dass die abwesende Person einen bestimmten Beruf (z. B. *Dirigent*) ausübt. Sie muss erraten, um welchen es sich handelt. Hinweise werden durch folgende Äußerungen gegeben: *Wenn ich Sie wäre, würde ich einen Smoking kaufen.* Oder: *Wenn ich du wäre, müsste ich oft abends arbeiten.*

Einige dieser Sätze sollen vorbereitet werden, solange die betreffende Person noch abwesend ist. Sätze, die allzu eindeutige Hinweise geben (z.B.: *Wenn ich du wäre, würde ich ein Orchester leiten*), sind zu vermeiden.

2. Die ratende Person kann ihrerseits Fragen stellen, und zwar so:
Wenn Sie an meiner Stelle wären, würden Sie dann ein Instrument spielen?
Würden Sie viel mit den Händen arbeiten?
Würden Sie die Musik von Mozart gut kennen?

3. Wenn der Übungsablauf ins Stocken gerät, können Sie der Gruppe auf kleinen Zetteln Stichwörter zuschieben, die die Phantasie anregen, z.B. *Applaus, Konzert* etc. Eine andere Möglichkeit der Aktivierung ist folgende: Die Gruppe wendet der ratenden Person den Rücken zu und mimt den Beruf.

68

NIVEAU: ✶✶✶

LERNZIELE: Konsequenzen aufzeigen, Hypothesen bilden; Grammatik: Konjunktiv, würde + Infinitiv, Bedingungssatz

Diese Übung empfiehlt sich nur für Gruppen, deren Mitglieder sich genügend lange kennen und ein gewisses gegenseitiges Vertrauen entwickelt haben.

UNTERRICHTSVERLAUF:

1. Sprechen Sie mit den Lernern darüber, was sie gerne/oft tun und demnächst wieder tun werden. Schreiben Sie einige Beispiele an die Tafel, z.B.: *Beate ist sehr neugierig und will immer alles wissen. Thomas kommt immer zu spät. Peter erinnert sich nie an meinen Namen.*

Lassen Sie weitere Beispiele finden und schreiben Sie sie ebenfalls an die Tafel.

2. Fragen Sie die Lerner, wie sie reagieren werden, wenn sich die betreffenden Personen wie beschrieben verhalten, z.B.:
Wenn sich Peter das nächste Mal nicht an meinen Namen erinnert, muss er mir ein Bier bezahlen.

3. Verändern Sie nun die Namen in den Beispielen, sodass die Eigenschaften Lernern zugeschrieben werden, auf die sie normalerweise nicht zutreffen. Wie würden die anderen reagieren, wenn sich die Betreffenden so verhielten? Nun ist eine Situation geschaffen, in der der Konjunktiv bzw. eine Form von würde + Infinitiv erforderlich wird, z.B.:
Wenn sich Maria nicht an meinen Namen erinnern würde, wäre ich beleidigt.

69

NIVEAU: ✶✶✶

LERNZIELE: Textproduktion; Grammatikwiederholung; Rechtschreibung

VORBEREITUNG:

1. Unterrichtsstunde – keine; 2. Unterrichtsstunde – siehe Punkt 2

UNTERRICHTSVERLAUF:

Erste Unterrichtsstunde:

1. Erarbeiten Sie gemeinsam mit der Klasse einen Text. Als Anregung kann alles dienen: ein komisches Erlebnis, einige unzusammenhängende Bilder, ein Buch usw.
Achten Sie darauf, dass sich alle Lerner am Schreiben des Textes beteiligen, sodass jeder einzelne das Gefühl bekommt daran mitgewirkt zu haben. Sie können den Text an die Tafel schreiben, Sie können ihn aber auch in Ihrem Notizbuch festhalten, wobei Ihnen der Wortlaut von den Lernern diktiert wird.

2. Vor der nächsten Unterrichtsstunde reduzieren Sie den Text auf etwa 12 Sätze, wobei Sie jeden Satz auf einen getrennten Papierstreifen schreiben.

Dabei nutzen Sie die gute Gelegenheit neue Wörter einzuführen, denn die Lerner werden das unbekannte Sprachmaterial leicht erschließen können, da es sich um „ihre" Geschichte handelt. Außerdem können Sie gezielt grammatische Strukturen verwenden, die geübt werden sollen (z.B. Verben im Präteritum).

Achten Sie darauf, dass die Sätze Elemente von jedem Teilnehmer enthalten und dass genügend Papierstreifen vorhanden sind, sodass jeder Teilnehmer mindestens einen bekommt.

Zweite Unterrichtsstunde:

3. In der nächsten Unterrichtsstunde verteilen Sie die Papierstreifen. Es ist nun Aufgabe der Lerner, die Geschichte zusammenzusetzen. Helfen Sie nur, wenn es echte Probleme gibt.

4. Sobald die Sätze in die richtige Reihenfolge gebracht sind, bitten Sie einzelne Lerner Ihnen die Geschichte zu diktieren. Während Sie sie an die Tafel schreiben, unterbrechen Sie bei jeder fehlerhaften Aussprache oder sinnentstellenden Diktion. Bitten Sie den Rest der Klasse Ihnen klarzumachen, was Sie schreiben sollen. Geben Sie den Lernern die erforderliche Zeit den Text abzuschreiben.

5. Auf der Grundlage dieses Textes kann nun gezielt Grammatik- oder Wortschatzarbeit durchgeführt werden (siehe Punkt 2).

70

NIVEAU: * * *

LERNZIELE: beschreiben; Grammatik: Imperativ, Ortsadverbien und -präpositionen

MATERIAL: kleine Zettel

VORBEREITUNG:

Schreiben Sie auf je einen Zettel Wörter wie *der Fernseher, das Fahrrad, die Brille, das Haus, die Blume, der Regenschirm* etc. Die ausgewählten Wörter sollen Gegenstände benennen, die den Lernern vertraut sind und deren deutsche Bezeichnung sie kennen. Falten Sie die Zettel so, dass das Geschriebene nicht lesbar ist.

UNTERRICHTSVERLAUF:

1. Führen Sie Redemittel ein, die zur Beschreibung von Gegenständen und zur Verdeutlichung räumlicher Beziehungen erforderlich sind. Ausdrücke wie diese werden wahrscheinlich benötigt:

Adjektive: *rund, oval, quadratisch, dreieckig, breit, groß, kurz, klein, horizontal, vertikal*

Substantive: *die Linie, der Kreis, der Halbkreis, das Quadrat, das Rechteck, das Dreieck*

Ortsadverbien und -präpositionen: *rechts, links, unten, oben, über, hoch/höher, hinten, in der Mitte, neben, innerhalb von, um ... herum*

2. Bitten Sie einen Lerner, der gut zeichnen kann, an die Tafel zu kommen. Fordern Sie einen oder zwei andere Lerner auf einen Zettel zu ziehen und den darauf bezeichneten Gegenstand zu beschreiben *ohne seine Funktion zu nennen.* Mit anderen Worten: Ein Fernseher sollte *nicht* beschrieben werden als *Gegenstand um zum Beispiel einen Film zu sehen,* sondern vielmehr als *Rechteck innerhalb eines anderen Rechtecks mit ein paar kleinen Kreisen unten rechts.*

3. Der als „Künstler“ bestellte Lerner zeichnet den Gegenstand entsprechend der Beschreibung an die Tafel. Der Rest der Klasse versucht aufgrund der Beschreibung und der Zeichnung zu erraten, um welchen Gegenstand es sich handelt. Der Lerner, der den Gegenstand beschreibt (es können, wie bereits erwähnt, auch zwei sein), kann dem Künstler weitere Informationen geben, wenn die Zeichnung nicht präzise genug ist und der Gegenstand nicht erraten werden kann, z.B.: *Nein, nicht so. Das zweite Rechteck ist kleiner.* Oder: *Ja, so ist es gut, aber setze es ein bisschen weiter nach links.*

4. Der Lerner, der als erster den Gegenstand errät, zieht den nächsten Zettel und setzt die Übung fort. Wenn er/sie möchte, kann er/sie sich einen Partner wählen.

Anmerkung:
Die Übung ist umso anspruchsvoller, je genauer die Regel eingehalten wird nichts über die Funktion des Gegenstandes auszusagen.

71

NIVEAU: ∗ ∗ ∗

LERNZIELE: Vermutungen äußern und begründen; einen Werbetext erstellen

MATERIAL: 1 Werbeanzeige, Klebstoff, Karton, Schere

VORBEREITUNG:

Wählen Sie eine Werbeanzeige aus, bei der das Produkt in keinem offensichtlichen Zusammenhang mit der Illustration steht (z.B. Wasserfall in einer Zigarettenreklame). Kleben Sie die Anzeige auf Karton und zerschneiden Sie sie in etwa 10 Teile.

UNTERRICHTSVERLAUF:

1. Geben Sie der Klasse einen Teil des von Ihnen erstellten Puzzles. Lassen Sie es herumreichen, erklären Sie den Lernern, dass es Teil einer Werbeanzeige ist und lassen Sie raten, für welches Produkt hier geworben werden könnte. Ein/e „Sekretär/in" schreibt die verschiedenen Hypothesen an die Tafel.
Als Redemittel können Wendungen wie
Meiner Meinung nach ...
Es könnte ... sein
Vielleicht ...
Es ist sicher ...
wiederholt bzw. erarbeitet werden.

2. Geben Sie den Lernern nach und nach weitere Teile des Puzzles und lassen Sie sie weiter spekulieren und ihre Annahmen begründen. Geben Sie keine Hinweise auf die Richtigkeit der Vermutungen. Erst wenn das Puzzle abgeschlossen ist, wird erkennbar, wofür die Anzeige werben soll.

3. Bitten Sie nun die Lerner eines der Produkte, die der/die „Sekretär/in" an die Tafel geschrieben hat, auszuwählen und eine entsprechende Werbeanzeige zu erstellen. Dabei soll der Text bzw. die Zeichnung keinen direkten Bezug zum Produkt haben. Beispielsweise kann ein einsamer Strand mit Palme für ein Möbelstück werben oder ein Fahrrad zum Kauf eines Computers anregen.

4. Die Lerner zeigen nun ihre Zeichnungen bzw. tragen ihre Texte vor und der Rest der Klasse versucht herauszufinden, welches der an der Tafel aufgeführten Produkte oder Dienstleistungen damit beworben werden soll. (Achten Sie auf die Verwendung der unter Punkt 1 angeführten Redemittel.) Jede vorgebrachte Hypothese soll außerdem begründet werden. Schließlich erläutert der betreffende „Werbetexter" die der Anzeige zugrunde liegende Idee und Umsetzung.

5. Zum Abschluss empfiehlt es sich, die Lerner aufzufordern einen Slogan zu erfinden, der einen Zusammenhang zwischen dem Produkt einerseits und ihrem Bild bzw. Text andererseits herstellt.

72

NIVEAU: ✶✶✶

LERNZIELE: einen Werbetext formulieren und mündlich vortragen

MATERIAL: Werbeanzeigen, Bildmaterial; evtl. Tonbandgerät oder Kassettenrekorder

VORBEREITUNG:

Schneiden Sie komplette Werbeanzeigen sowie Überschriften weiterer Werbeanzeigen aus Zeitschriften aus und bringen Sie unterschiedliches Bildmaterial aus Zeitschriften oder Zeitungen mit.

UNTERRICHTSVERLAUF:

1. Geben Sie jedem Lerner die Kopie einer Werbeanzeige. Lassen Sie die Lerner darüber sprechen, welches Produkt mit dieser Anzeige verkauft wird und auf welche Weise die Aufmerksamkeit des Lesers geweckt und seine Kauflust angeregt werden soll.

2. Geben Sie dann jedem Lerner die Überschrift einer anderen Werbeanzeige und achten Sie darauf, dass die Teilnehmer unterschiedliche Überschriften haben.

3. Legen Sie nun die Bilder auf dem Tisch aus und lassen Sie die Lerner das zu ihrer Textzeile geeignet erscheinende Material auswählen um eine entsprechende Anzeige zu formulieren bzw. zu gestalten.

4. Geben Sie den Teilnehmern etwa 10 Minuten Zeit (bei niedrigem Lernniveau etwas mehr), damit sie die Anzeige verfassen können. Sie selbst stehen als Sprachberater zur Verfügung. Es empfiehlt sich auch, einige Wörterbücher bereitzustellen, die eine Reihe von Vokabelproblemen aus dem Weg schaffen können.

5. Wenn die Lerner ihre Arbeit abgeschlossen haben, bitten Sie sie ihre Anzeigen werbewirksam vorzutragen. Dabei können Sie das Tonband laufen lassen um im Anschluss daran sowohl den Text als auch die Vortragsweise mit der Gruppe zu besprechen.

VARIANTE:

Die Lerner verdecken das Bild während ihres Vortrags. Das erhöht die Spannung. Wenn es im Nachhinein „enthüllt“ wird, gibt es oft Überraschungen und viel Gelächter!

73

NIVEAU: ✶✶✶

LERNZIELE: Erstellen eines Werbetextes – informieren und überzeugen

MATERIAL: Werbeslogans

VORBEREITUNG:

Schneiden Sie aus einer geeigneten Zeitschrift einige Werbeslogans aus, die vermutlich Ihre Klasse ansprechen werden. Wenn Sie nichts Passendes finden, können Sie einige Slogans für imaginäre Produkte und Sonderangebote erfinden.

UNTERRICHTSVERLAUF:

1. Bringen Sie das gesammelte Material mit und verwenden Sie es als Anregung für ein „Brainstorming“ über Werbeslogans. Das bereitet die Atmosphäre für die weitere Arbeit vor.

Hier einige Beispiele:

2. Teilen Sie die Klasse in Zweiergruppen. Beide Partner (A und B) denken sich je ein Produkt aus, das sie gerne sein möchten. Sobald das entschieden ist, erfolgt der Eintritt in die Marketing-Phase. A bereitet einen Werbespot für B vor und B tut gleichzeitig dasselbe für A. A und B sind miteinander im Gespräch darüber, was ausgesagt werden soll. Lügen und übertreiben gehört zur Spielregel.

Gehen Sie in der Klasse umher und liefern Sie Vokabeln und Ideen, wenn es nötig ist. Korrigieren Sie auch die auftretenden Fehler.

3. Wenn alle ihren Text formuliert haben, präsentiert jeder Lerner sein „Produkt“ und trägt seinen Werbespot vor.

Das „Produkt“ soll seinerseits, wenn möglich, die ihm angedichteten Eigenschaften demonstrieren. Wenn z.B. der „Marketingdirektor“ behauptet, sein Produkt könne Englisch sprechen, so sagt das „Produkt“: *Yes*!

Der Vortrag des Werbetextes sollte sich an den üblichen Fernsehspots orientieren und aus einigen visuellen Elementen bestehen, die von einem Moderator präsentiert werden.

74

NIVEAU: ✶✶✶

LERNZIELE: Textrekonstruktion und Textproduktion

MATERIAL: Zeitungsartikel, einige Briefumschläge

VORBEREITUNG:

Schneiden Sie Zeitungsartikel aus, deren Schwierigkeitsgrad dem Lernniveau Ihrer Klasse entspricht. Sie benötigen etwa drei Artikel für jede Kleingruppe (vgl. Punkt 1). Kleben Sie nun die Artikel jeweils auf ein Blatt Papier. Trennen Sie dann die Überschriften vom Text der Anzeigen und zerschneiden Sie die Überschriften in einzelne Wörter. Mischen Sie für jede Gruppe die Wörter der drei Überschriften und geben Sie sie in einen Briefumschlag, sodass Sie letztlich für jede Kleingruppe einen Briefumschlag vorbereitet haben.

UNTERRICHTSVERLAUF:

1. Bilden Sie Kleingruppen und verteilen Sie die vorbereiteten Briefumschläge.

2. Sagen Sie den Lernern, dass die Umschläge Wörter von drei Überschriften enthalten. Die Aufgabe besteht nun darin, durch richtiges Aneinanderfügen der Wörter die Überschriften zu rekonstruieren.

Erklären Sie sich bereit die wörtliche Bedeutung eines jeden Wortes zu erklären, weisen Sie aber darauf hin, dass in Überschriften die Wörter nicht immer in ihrer wörtlichen Bedeutung verwendet werden und dass es eventuell auch darum geht, metaphorische Bedeutungen zu erschließen.

3. Lassen Sie die Gruppen so lange arbeiten, wie sie es möchten. Wenn nötig, greifen Sie helfend ein. Das Zusammenfügen der Wörter sollte ungefähr 10 Minuten in Anspruch nehmen, wird aber je nach Lernniveau der Klasse unterschiedlich lange dauern.

4. Wenn die Überschriften rekonstruiert sind, bitten Sie die Lerner die Ergebnisse vorzulesen und zu sagen, was die Überschriften aussagen und wovon die entsprechenden Artikel vermutlich handeln werden.

Bitten Sie nun jeden Lerner eine Überschrift auszuwählen und einen passenden Artikel dazu zu schreiben. (Sind mehr Lerner als Überschriften vorhanden, können letztere kopiert werden.) Die Artikel sollten kurz sein: etwa 5 bis 12 Sätze sind durchaus ausreichend.

5. Anschließend lesen die Lerner ihre Artikel laut vor und vergleichen sie schließlich mit den Originalversionen aus der Zeitung. (Es empfiehlt sich wahrscheinlich, die Originalartikel zu vereinfachen und auf das Lernniveau der Klasse abzustimmen. Es ist jedoch für die Lerner motivierend, wenn sie den Originalartikel in seiner gedruckten Form wenigstens zu sehen bekommen.)

75

NIVEAU: ✶ ✶ ✶
LERNZIELE: Leseverstehen (kursorisches Lesen)
MATERIAL: eine Zeitung

VORBEREITUNG:

Sehen Sie für jeden Lerner eine Zeitungsseite vor und achten Sie darauf, dass jede Seite mindestens zwei komplette Artikel enthält.

UNTERRICHTSVERLAUF:

1. Verteilen Sie die Zeitungsseiten an die Lerner.

2. Bitten Sie nun die Lerner einen der Artikel auf ihrer Zeitungsseite zu lesen und dann eine Frage dazu an die Tafel zu schreiben, ohne bekanntzugeben, um welchen Artikel es sich handelt. Jedoch soll die Frage so gestellt werden, dass sie nur aufgrund der Lektüre des entsprechenden Artikels beantwortet werden kann.

3. Sammeln Sie danach die Zeitungsseiten wieder ein und legen Sie sie auf einem Tisch aus oder heften Sie sie an die Wände des Unterrichtsraums. Fordern Sie nun die Lerner auf die Fragen an der Tafel zu beantworten. Um diese Aufgabe zu erfüllen müssen die Lerner
– sämtliche Zeitungsseiten überfliegen,
– feststellen, auf welche Artikel sich die Fragen beziehen,
– die entsprechenden Artikel genau lesen und
– die Fragen beantworten.

4. Sobald der erste Lerner fertig ist, besprechen Sie die Antworten mit der Klasse.

Gegebenenfalls können Sie auch eine Diskussion darüber anregen, was zur Identifizierung der einzelnen Artikel geführt hat.

76

NIVEAU: ✶✶✶ bis ✶✶✶✶

LERNZIELE: Fragen zum Textverständnis formulieren und beantworten, Benutzung eines einspr. Wörterbuchs

MATERIAL: mehrere einspr. dt. Wörterbücher, Kopien eines Lesetextes, Kopien des Fragenkatalogs der Lerner

Diese Übung eignet sich insbesondere zur Prüfungsvorbereitung von „Textaufgaben“, da sie die Lerner „am eigenen Leib“ erfahren lässt, nach welchen Kriterien ein Prüfer vorgeht.

VORBEREITUNG:

Für die erste Unterrichtsstunde: Wählen Sie einen relativ anspruchsvollen Lesetext – eventuell Lehrbuchtext – aus und kopieren Sie ihn. Der Text sollte ein bis zwei Seiten lang und deutlich in vier bis fünf Abschnitte gegliedert sein. Versehen Sie jeden Abschnitt mit einer Nummer.

Für die zweite Unterrichtsstunde: Überprüfen Sie, ob die Fragen der Lerner sprachlich korrekt formuliert und gut leserlich sind. Fertigen Sie Kopien an.

UNTERRICHTSVERLAUF:

Erste Unterrichtsstunde:

1. Teilen Sie die Klasse in vier oder fünf Gruppen und geben Sie jedem Lerner eine Textkopie. Jede Gruppe sollte nach Möglichkeit ein einsprachiges Wörterbuch zur Verfügung haben. Sagen Sie nun der Klasse, dass jede Gruppe für einen bestimmten Abschnitt zuständig ist, und verteilen Sie die Abschnitte an die Gruppen.

2. Sagen Sie den Lernern, dass es ihre Aufgabe ist, 10 Verständnisfragen zu ihrem Abschnitt zu formulieren und dass Sie dann die Fragen einsammeln und für die nächste Stunde kopieren werden. Bitten Sie die Lerner deutlich zu schreiben.

Wenn Zweifel darüber bestehen, was unter „Verständnisfragen“ zu verstehen ist, geben Sie die entsprechende Erklärung. Wenn nötig führen Sie einige Beispiele an.

Während die Lerner ihre Fragen formulieren, gehen Sie umher und helfen, wo Probleme auftauchen und Hilfe gewünscht wird.

3. Sammeln Sie die Fragen ein, um sie in der nächsten Unterrichtsstunde wieder zu verwenden.

Zweite Unterrichtsstunde:

4. Teilen Sie die Klasse in dieselben vier oder fünf Gruppen wie in der vorausgegangenen Stunde. Verteilen Sie die Kopien mit den Fragen so, dass jede Gruppe den Fragenkatalog einer anderen Gruppe erhält. Es geht nun darum, Fragen zu beantworten, die sich auf einen Abschnitt des Textes beziehen, mit dem sich die betreffende Gruppe bis jetzt nicht befasst hat. Die Beantwortung der Fragen kann in Einzelarbeit, in Partnerarbeit oder von der gesamten Kleingruppe gemeinsam vorgenommen werden.

5. Sammeln Sie nun die Antworten ein und geben Sie sie jeweils an die Gruppe, die die diesbezüglichen Fragen gestellt hat, damit sie – gleichsam wie eine Prüfungskommission – die Arbeiten korrigiert.

6. Nach der Korrektur gehen die Arbeiten an die „Prüflinge“ zurück, die versuchen sollen ihre Antworten zu rechtfertigen. An dieser Stelle sollte es zu lebhaften Diskussionen zwischen den Gruppen kommen, es ist jedoch darauf zu achten, dass der Prozess nicht außer Kontrolle gerät.

7. Zum Abschluss kann eine Diskussion über die Nützlichkeit von Verständnisfragen geführt werden: Inwiefern gibt das korrekte Beantworten von Verständnisfragen Aufschluss darüber, ob der Text tatsächlich verstanden wurde? Fordern Sie die Lerner auf ihre Meinungen durch konkrete Beispiele zu verdeutlichen.

77

NIVEAU: ✶✶✶

LERNZIELE: Probleme diskutieren und Ratschläge erteilen; Briefe beantworten

MATERIAL: Leserbriefe und Antworten der Zeitschriftenredaktion

VORBEREITUNG:

Schneiden Sie verschiedene Leserbriefe und Antwortbriefe aus entsprechenden Zeitschriften (z.B. „Frau im Spiegel“, „die aktuelle“, „Bravo“ etc.) aus oder kopieren und zerschneiden Sie die Textbeispiele von Seite 112.

Kleben Sie die Briefe auf festes Papier, und zwar so, dass jeweils auf der Vorderseite ein Leserbrief und auf der Rückseite der zu einem *anderen* Leserbrief gehörende Antwortbrief zu stehen kommt.

UNTERRICHTSVERLAUF:

1. Der Einsatz von Leserbriefen im Unterricht kann auf verschiedene Weise erfolgen:

Variante 1: Ein Lerner liest einen Leserbrief laut vor. Die Klasse diskutiert das angesprochene Problem und macht Lösungsvorschläge. Nachdem jeweils ein Brief oder auch mehrere in dieser Weise besprochen worden sind, suchen die Lerner auf der Rückseite ihrer Blätter die jeweils passende(n) Antwort(en) und vergleichen sie mit ihren eigenen Problemlösungsvorschlägen.

Variante 2: Ein oder mehrere Leserbriefe werden laut vorgelesen. Die Lerner schreiben einen passenden Antwortbrief. Danach werden die Briefe der Lerner mit den Antwortschreiben der Zeitschriftenredaktion verglichen.

Variante 3: (Diese Variante kann auch als Fortsetzung von Variante 1 oder 2 verwendet werden, jedoch muss in diesem Fall darauf geachtet werden, dass die bereits verwendeten Antwortbriefe nicht nochmals eingesetzt werden!)

Verteilen Sie je einen Antwortbrief an die Lerner und stellen Sie ihnen die Aufgabe einen Leserbrief zu verfassen, der die Grundlage für den entsprechenden Antwortbrief sein könnte.

Im Anschluss daran suchen die Lerner aus den vorhandenen Originalbriefen jeweils den entsprechenden Leserbrief aus.

2. Nach Abschluss der Arbeiten mit den Briefen können Sie eine Diskussionsrunde über die angesprochene Thematik einleiten: Einsamkeit in der modernen Welt, Kommunikationsdefizite des heutigen Menschen, was Männer und Frauen dazu veranlasst, sich an den „Kummerkasten“ einer Zeitschrift zu wenden ...

Allein in Deutschland

Liebe Frau Dr. Schneider,

ich heiße Peter und bin 22 Jahre alt. Ich arbeite als Buchhalter in München, bin jedoch in Russland geboren. Ich habe mein Dorf verlassen, weil ich in München Arbeit gefunden habe. Aber die Arbeit ist nicht alles: ich habe keine Freundin, keine Freunde und keine Familie. Mein Problem ist Aussiedler zu sein. In München ist es sehr schwierig, Kontakt in meinem Alterskreis aufzunehmen. Vor kurzem habe ich eine sympathische Angestellte aus München kennen gelernt. Nach der ersten Begegnung hat sie mich verlassen, und wissen Sie warum? Weil ich Aussiedler bin. Ich bin sehr niedergeschlagen und weiß nicht, was ich tun soll um jemanden in dieser großen Stadt kennen zu lernen, der keine Vorurteile hat. Was kann ich tun? Vielen Dank für Ihre Hilfe.

Nur zweite Wahl

Sehr geehrte Frau Sonja,
ich (19) habe mich hoffnungslos in einen verheirateten Mann verliebt. Er hat mir versprochen seine Frau zu verlassen, doch darauf warte ich jetzt schon über ein Jahr. Ich habe das Gefühl weder das Warten noch die Heimlichkeiten länger ertragen zu können. Ich kann ihn nicht anrufen und wir können uns nur sehen, wann und wo er es möchte. Manchmal frage ich mich, ob er es ernst meint? Ich bitte um Ihre Hilfe.

Anna

Ein Skinhead in der Familie

Sehr geehrter Herr Dr. Bruckner,
ich bin die Tante von Alfred, einem 18-jährigen Burschen, der seinen Kopf kahlgeschoren hat und sich auch wie ein Skinhead kleidet. Von der lauten Musik, die er ständig hört, will ich gar nicht erst reden. Er ist der Sohn meiner Schwester und ich empfinde eine große Liebe für ihn, weil ich keine eigenen Kinder habe. Ich habe mehrmals versucht mit ihm zu sprechen, aber seiner Meinung nach beurteile ich Menschen nur nach ihrer Kleidung. Ich erkenne den braven Jungen, der er mal war, kaum wieder. Nachdem meine Schwester und ihr Mann wegen Alfreds Gesinnungswandel anfangs sehr betroffen waren, haben sie sich entschieden toleranter zu sein und sich nicht mehr einzumischen. Sie sind froh, dass er kein Schläger ist. Alfred ist, im Gegensatz zu seinen derzeitigen Freunden, noch nie gewalttätig oder rassistisch gewesen. Aber, kann sich jemand so sehr von seinen Freunden unterscheiden? Sie kennen ja das Sprichwort: Sage mir, mit wem Du gehst, und ich sage dir, wer du bist.

■ *Lieber Peter,*
ich habe deinen Brief gelesen. Dein Problem ist leider typisch für unsere heutige Zeit. Du solltest dir klarmachen, dass eine Unmenge von Menschen allein ist und niemanden in der Nähe hat. Ich würde an deiner Stelle Mut fassen und den ersten Schritt tun. Du solltest zuversichtlich sein: Du hast eine Arbeit und das ist sehr wichtig. Es gibt in München viele, die keine Vorurteile haben. Ein Sprichwort lautet: Wer sucht, der findet.
So, hab Mut und auf geht's!

■ Liebe Anna,
wenn ich dich richtig verstanden habe, hast du dich bis über beide Ohren in jemanden verliebt, der dich als „zweite Garnitur" betrachtet. Ich würde nichts dagegen sagen, wenn du mit dieser Situation glücklich und zufrieden wärst. Aber du bist es nicht, du fühlst dich erniedrigt. Zudem solltest du daran denken, dass du im Begriff bist, eine Ehe zu zerstören. Ich kann dir nur raten: Versuch, deine Freiheit wiederzuerlangen. Einen anderen Rat gibt es in deinem Fall nicht.

■ Liebe Frau Müller,

eine Tante, die ihren Neffen nicht mehr wiedererkennt. Eltern, die mit dem Benehmen des Sohnes nicht zufrieden sind, aber sich in seine Beschlüsse nicht einmischen. Trotz Ihrer echten Sorge um den Burschen sollten Sie froh sein, dass Alfred weder ein Halbstarker ist noch rassistisch denkt. Er ist nur ein Junge, der dabei ist, seine Identität zu suchen und zu finden. Dennoch rate ich Ihnen genau auf Äußerungen von Alfred zu achten und ihm klarzumachen, in was für einem Umfeld er sich bewegt.

78

NIVEAU: ✶ ✶ ✶

LERNZIELE: Vorlieben äußern, Vermutungen anstellen, begründen

MATERIAL: Gemäldereproduktionen

VORBEREITUNG:

20 bis 30 Reproduktionen von Gemälden aus verschiedenen Epochen (Kunstpostkarten oder Kalenderblätter) beschaffen und durchnummerieren.

UNTERRICHTSVERLAUF:

1. Legen Sie die nummerierten Bilder auf einem Tisch aus. Fordern Sie die Lerner auf sich ein Bild auszuwählen, über das sie gerne sprechen möchten. Dabei bleiben die Bilder auf dem Tisch liegen und niemand sagt den anderen, welches Bild er/sie gewählt hat.

2. Bitten Sie nun die Lerner je eine Liste der Kursteilnehmer zu erstellen und neben jeden Namen die Nummer des Bildes zu setzen, das – ihrer Meinung nach – der jeweilige Teilnehmer gewählt haben könnte.

Variante: Die Liste der Teilnehmer wird an die Tafel geschrieben, die vermutete Bildwahl jedes einzelnen Teilnehmers durch Gruppenkonsens ermittelt und die betreffende Zahl hinzugefügt.

3. Fordern Sie nun die Lerner auf das von ihnen tatsächlich gewählte Bild vom Tisch zu nehmen und zu begründen, warum sie gerade dieses Bild gewählt haben. Wenn mehrere Personen dieselbe Wahl getroffen haben, wird das Bild herumgereicht und von den entsprechenden Teilnehmern kommentiert.

4. Nachdem jeweils ein Teilnehmer seine Wahl begründet hat, ist der Rest der Klasse an der Reihe und sagt,

a) welches Bild der betreffendeTeilnehmer nach Meinung der anderen gewählt haben könnte und

b) welche Empfindungen und Assoziationen das von diesem Teilnehmer gewählte Bild bei den anderen auslöst.

5. In einer Feed-back-Runde sollte nun über die Frage des Geschmacks diskutiert werden sowie über die Zusammenhänge zwischen dem Verhalten eines Menschen und seinen Vorlieben für bestimmte Kunstwerke und Stilrichtungen. Achten Sie darauf, dass die Diskussion auf nicht allzu persönlicher Ebene geführt wird.

79

NIVEAU: ✶✶✶
LERNZIELE: behaupten und abstreiten, diskutieren
MATERIAL: farbige Haftpunkte oder Filzstifte

Ziel dieser Übung ist es, die Beobachtungsfähigkeit zu fördern.

UNTERRICHTSVERLAUF:

1. Teilen Sie die Klasse in zwei Gruppen: A und B. Bieten Sie dann der Gruppe A einige Diskussionsthemen zur Auswahl (z.B. Geschwindigkeitsbegrenzung auf Autobahnen, Umweltschutz im Alltag, Seniorenuniversitäten etc.) an.

Gruppe A entscheidet sich für ein Thema, um es mit Gruppe B zu erörtern und bereitet dazu einige Diskussionsfragen vor. Stellen Sie dafür 5 Minuten zur Verfügung.

2. In der Zwischenzeit gehen Sie mit Gruppe B in einen anderen Raum (oder auf den Flur). Bitten Sie die Lerner sich einen farbigen Punkt auf das Gesicht zu kleben (Haftpunkt) oder zu malen (Filzstift).

Erläutern Sie, dass daraufhin alle in den Unterrichtsraum zurückgehen und sich einen Gesprächspartner suchen sollen. Sollte eine Bemerkung wegen des Punktes fallen, müssten sie dessen Existenz hartnäckig leugnen, sich aber merken, wie der Partner darauf reagiert.

3. Während sich Gruppe B „bepunktet", kehren Sie zu Gruppe A zurück und sehen nach, ob die Vorbereitung der Diskussionsfragen zum gewählten Thema abgeschlossen ist. Sie teilen den Lernern mit, dass die Gruppe B nun zum Gespräch zurückkommen wird und dass die Gruppe A während der Diskussion die Hände auf dem Rücken falten solle.

4. Bitten Sie nun die „bepunkteten" Lerner hereinzukommen – eine leichte Hintergrundmusik kann helfen die Hemmungen abzubauen – und lassen Sie die Zweiergespräche etwa 5 Minuten dauern. Gehen Sie in der Zwischenzeit umher, helfen Sie, wenn es erforderlich ist, und notieren Sie sprachliche Schwierigkeiten und Unsicherheiten, die Sie zu einem späteren Zeitpunkt behandeln wollen.

5. Versammeln Sie die Klasse abschließend im Plenum und bitten Sie die Paare ihre Gespräche möglichst genau zu rekonstruieren. Können sie sich genau an alles erinnern? Wie reagierte die Gruppe A auf die Punkte der Gruppe B? Blieben die Hände der Gruppe A auf dem Rücken? Teilen Sie alles mit, was Sie beobachtet haben.

VARIANTE:
Es kann zusätzlich eine Gruppe C gebildet werden, die als Beobachter fungiert. Natürlich muss diese Gruppe eigens in ihre Rolle eingewiesen werden.

80

NIVEAU: * * *

LERNZIELE: kursorisches und intensives Lesen; gezielt ausgewählte Grammatik- oder Wortschatzarbeit

MATERIAL: verschiedene Zeitungstexte

VORBEREITUNG:

Legen Sie fest, welche Art von Vokabular (bestimmtes Sach- oder Wortfeld, Fremdwörter etc.) oder welches Grammatikphänomen (z.B. Verben, Präpositionen etc.) Sie bearbeiten möchten, und wählen Sie die Zeitungsartikel entsprechend aus.

UNTERRICHTSVERLAUF:

1. Teilen Sie die Klasse in Kleingruppen und geben Sie bekannt, welches sprachliche Lernziel Sie heute anstreben wollen.

Verteilen Sie die Zeitungstexte, sodass jede Gruppe eine Zeitungsseite hat. Bitten Sie die Lerner einen Artikel auszuwählen, der viele Beispiele mit dem entsprechenden Wortschatz- oder Grammatikthema enthält.

2. Bitten Sie nun die Lerner, den gewählten Artikel gründlich durchzulesen und alle darin enthaltenen Wörter, die das anvisierte Material betreffen, so durchzustreichen, dass sie nicht mehr lesbar sind. (Gegebenenfalls kann der Text gekürzt werden.) Die durchgestrichenen Wörter werden von den Lernern auf einem Blatt Papier aufgelistet. Dabei empfiehlt es sich, sie zu nummerieren und die entsprechende Nummer auch über die jeweilige Textlücke zu schreiben. Falls noch Unklarheiten bestehen sollten, kann das Wörterbuch bzw. die Grammatik zu Rate gezogen werden.

3. Bitten Sie nun die einzelnen Gruppen ihre Texte auszutauschen und zu versuchen die fehlenden Wörter zu ergänzen.

4. Anschließend treffen sich die „geprüften“ Gruppen mit ihren „Prüfern“ und besprechen ihre Aufgaben. Wie nahe kommen die gefundenen Lösungen an die Originalversion heran? Haben einige der vorgeschlagenen Wörter den Inhalt oder die Stilebene des Textes verändert?

81

NIVEAU: ✶✶✶

LERNZIELE: Hörverstehen; Erkennen und Wiedergeben affektiv geprägter Ausdrücke, Registerbestimmung; Intonation

MATERIAL: kurzer, emotional gefärbter Dialog auf Kassette (eventuell Lehrbuchdialog), Kassettenrekorder

Gegebenenfalls kann auch eine Videosequenz eingesetzt werden, sofern ein Videorekorder vorhanden ist.

UNTERRICHTSVERLAUF:

1. Teilen Sie den Lernern mit, dass Sie einen kurzen Dialog vorspielen werden. Wenn Sie möchten, können Sie den Inhalt des Textes kurz erläutern. Sagen Sie den Lernern, sie sollten auf folgende Punkte besonders achten:

- Wer sind die Dialogpartner?
- In welcher Beziehung stehen sie zueinander?
- Wo findet das Gespräch statt?

Lassen Sie dann die Lerner – am besten zu zweit – darüber diskutieren, welche Gefühle im Gespräch zum Ausdruck gebracht werden.

2. Sagen Sie nun, dass Sie den Text nochmals vorspielen werden und dass es nun darum geht, die im Text zum Ausdruck kommenden Gefühle aufzuzeichnen.

Zeichnen Sie nachstehende Grafik an die Tafel. Bitten Sie die Lerner diese in ihr Heft zu übertragen und während des Anhörens des Textes – am besten mit zwei verschiedenen Farbstiften – die Gefühle der beiden Gesprächspartner in ihrem Verlauf nachzuzeichnen.

Machen Sie die Lerner darauf aufmerksam, dass Sie den Dialog so oft abspielen, wie es gewünscht wird, und dass die Eintragungen daher in Ruhe und mit Sorgfalt gemacht werden können.

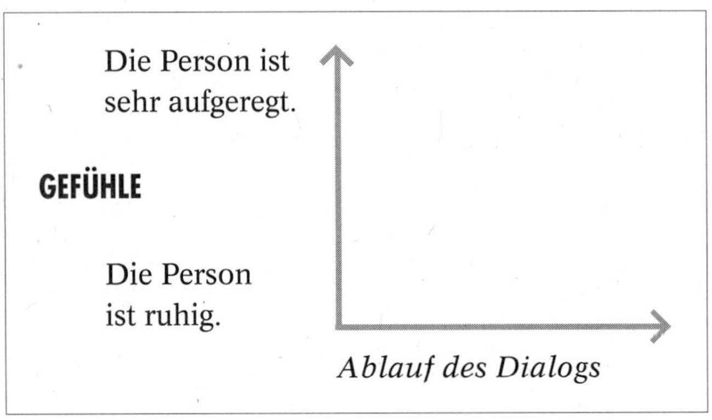

3. Lassen Sie die Lerner wieder paarweise arbeiten und fordern Sie sie auf die Zeichnungen zu vergleichen und zu kommentieren. Dabei soll über die zum Ausdruck kommenden Gefühle gesprochen werden, z.B.: *Das ist der Moment, an dem er zu schreien anfängt und sagt, er hält es nicht mehr aus.*

4. Spielen Sie jetzt den Dialog nochmals vor und fordern Sie die Lerner auf die wichtigsten Sätze in die Grafik einzutragen. Dies kann zu zweit oder auch in Einzelarbeit geschehen. Zögern Sie nicht den Dialog sooft vorzuspielen, wie die Lerner es wünschen.

Bitten Sie dann einen Lerner an die Tafel zu gehen und die von ihm festgehaltenen Sätze in die Grafik einzutragen. Sprechen Sie darüber mit der Klasse und lassen Sie gegebenenfalls Ergänzungen und Korrekturen vornehmen.

Besprechen Sie das verwendete Sprachregister und machen Sie die Lerner auf die Intonation aufmerksam.

5. Im Anschluss daran können affektiv geprägte Ausdrücke gesammelt und Intonationsübungen gemacht werden. Hier einige Beispiele:

- *Mach dir keine Sorgen!*
- *Wer hätte das gedacht?*
- *Das wurde ja auch Zeit!*
- *Das ist mir völlig egal!*
- *Beruhige dich, bitte!*
- *Ich habe es satt!*
- *Geh zum Teufel!*
- *Auf keinen Fall!*

Lassen Sie die Lerner die Ausdrücke mit entsprechender Intonation vortragen und klären Sie jeweils das Sprachniveau und den emotionalen Gehalt dieser Redemittel.

Zum Schluss werden in Partnerarbeit kleine Alltagssituationen simuliert, in denen jeweils einer der erwähnten Ausdrücke Verwendung findet.

82

NIVEAU: ✶✶✶ bis ✶✶✶✶

LERNZIELE: Hörverstehen, Notizen machen, rekonstruieren, zusammenfassen

MATERIAL: Kassettenrekorder, Kassettenaufnahme einer kurzen Nachrichtensendung

VORBEREITUNG:

Überspielen Sie eine kurze Nachrichtensendung auf Kassette. Sie sollte etwa 6-8 Themenschwerpunkte enthalten. Wenn Sie keine Gelegenheit haben einen deutschen Rundfunksender zu empfangen, stellen Sie – mit Hilfe der Zeitung – selbst eine Nachrichtensendung zusammen, die Sie auf Kassette sprechen.

UNTERRICHTSVERLAUF:

1. Schreiben Sie die Themenschwerpunkte an die Tafel, z.B.:
Die UNO fordert Hilfe für die Dritte Welt
Ein Impfstoff gegen Aids?
Ozonkonzentration erneut angestiegen ... etc.

2. Teilen Sie die Klasse in Zweiergruppen. Bitten Sie jedes Paar einen der Themenschwerpunkte auszuwählen und dann die Nachrichtensendung anzuhören, in der die angegebenen Themen behandelt werden.

3. Spielen Sie die Nachrichtensendung einmal ohne Unterbrechung vor. Spielen Sie sie dann ein zweites Mal vor und fordern Sie die Lerner auf ihre Aufmerksamkeit auf das von ihnen gewählte Thema zu konzentrieren und dazu schriftliche Notizen zu machen. Wenn es sich anbietet, klären Sie aufkommende Vokabelfragen. Spielen Sie die einzelnen Themenschwerpunkte oder die ganze Sendung sooft vor, wie es notwendig erscheint.

4. Lassen Sie nun die Partner einige Minuten lang ihre Aufzeichnungen vergleichen und besprechen und schließlich eine gemeinsame Version des Themenschwerpunktes erstellen.

Während dieser Vorbereitungsarbeit gehen Sie umher und helfen beim Formulieren des Textes.

5. Die Lerner versammeln sich wieder im Plenum. Einer der Partner stellt sich als „Sprecher“ zur Verfügung. Es geht nun darum, die Nachrichtensendung Punkt für Punkt zu rekonstruieren und entsprechend vorzutragen.

6. Spielen Sie die Originalversion ein letztes Mal vor.

7. Zum Abschluss erstellen die Lerner eine endgültige Fassung ihrer Ausführungen. Das kann sowohl in der Unterrichtsstunde als auch zu Hause gemacht werden.

83

NIVEAU: ✶✶✶ bis ✶✶✶✶

LERNZIELE: Hörverstehen, Nacherzählen

VORBEREITUNG:

Lernen Sie eine Geschichte auswendig, sodass Sie sie mehrmals möglichst unverändert erzählen können. Wichtig ist, dass in dieser Geschichte mehrere Personen vorkommen. Beispielsweise eignet sich dafür das Märchen *Die Prinzessin und der Löwe* auf Seite 124.

UNTERRICHTSVERLAUF:

1. Erzählen Sie die Geschichte.

2. Die Lerner bilden Kleingruppen, wobei die Anzahl der Gruppenteilnehmer der Anzahl der Personen entsprechen soll, die in der Geschichte vorkommen.

3. Lassen Sie nun die Lerner entscheiden, welche Rolle sie übernehmen wollen. (Gegebenenfalls kann ein Teilnehmer auch zwei Rollen übernehmen.)

4. Erklären Sie nun den Lernern, dass Sie die Geschichte nochmals erzählen werden und dass sie währenddessen ihre jeweilige Rolle mimisch darstellen sollen. Sie erzählen dann die Geschichte zum zweiten Mal.

5. Während Sie die Geschichte ein drittes Mal erzählen, machen die Lerner die Geräusche, die ihren Rollen entsprechen.

6. Beim vierten Erzählen machen Sie häufig kleine Pausen und lassen kurze Textstellen aus. Die Lerner ergänzen die fehlenden Wörter.

7. Dann erzählen Sie die Geschichte ein fünftes Mal und lassen alle Dialoge (direkte und indirekte Rede) aus. Die Lerner fügen sie ein.

8. Erzählen Sie die Geschichte ein sechstes Mal; dabei erweitern Sie die Lücken und verlängern die Pausen. Die Lerner ergänzen entsprechend.

9. Nun bitten Sie die Gruppen die Geschichte zu spielen. Ein Gruppenmitglied kann jeweils die verbindenden Worte sprechen. Geben Sie die Anregung einen Teil der Geschichte – vielleicht den Schluss – abzuändern. Während eine Gruppe die Geschichte den anderen vorspielt, erzählen Sie sie ein weiteres Mal. Auch wenn es den Anschein hat, dass niemand zuhört, ist Ihr Vortrag für das Spiel dennoch förderlich.

84

NIVEAU: ✶✶✶✶

LERNZIELE: Leseverstehen, Textrekonstruktion

MATERIAL: Kopie(n) des Textes (siehe: Vorbereitung); mehrere ein- oder zweisprachige Wörterbücher

Diese Übung eignet sich nur für sprachlich homogene Klassen.

VORBEREITUNG:

1. Wählen Sie einen (literarischen) Dialog, der dem sprachlichen Niveau der Lerner entspricht und inhaltlich interessant ist. Er sollte etwa eine Seite lang sein. Wichtig ist auch, dass jeder der Dialogpartner eine ihm/ihr eigene, leicht zu identifizierende Ausdrucksweise hat.

2. Kopieren Sie den Text und zerschneiden Sie das Blatt so, dass auf jedem Streifen ein Redepart zu stehen kommt. Achten Sie darauf, dass Sie für jeden Teilnehmer mindestens einen (besser: zwei) Streifen zur Verfügung haben.

UNTERRICHTSVERLAUF:

1. Bilden Sie Dreiergruppen. Verteilen Sie dann die Streifen mit den Sätzen so, dass jede Gruppe ungefähr dieselbe Anzahl von Streifen bekommt. Optimal sind ca. 2 Streifen pro Teilnehmer, also ca. 6 Streifen pro Gruppe.

2. Jede Gruppe versucht nun den Inhalt des Textes zu erraten. Bald wird sich herausstellen, dass es sich um einen Dialog handelt. Der nächste Schritt besteht darin, die beiden Rollen auseinander zu halten. Hierfür können z. B. die Streifen der Person A blau markiert werden, die der Person B rot.

3. Jede Gruppe listet die unbekannten Wörter auf und klärt ihre Bedeutung mit Hilfe eines zweisprachigen oder auch einsprachigen Wörterbuches.

4. Im Plenum werden anschließend Spekulationen über den Inhalt und den Verlauf des Dialogs angestellt. Dadurch erhalten die Kursteilnehmer Gelegenheit über den Inhalt ihrer Textstreifen zu referieren.

5. Nun werden alle Textstreifen auf einem Tisch ausgebreitet; im Plenum wird versucht die Originalfassung zu rekonstruieren. Greifen Sie nötigenfalls helfend ein, indem Sie z. B. auf Gliederungselemente im Text – Wiederholungen, Bestätigungsfragen, Interpunktion – hinweisen.

6. Bei Gruppen mit Bereitschaft zur Interaktion kann diese Aktivität den Beginn einer Theaterinszenierung darstellen.

VARIANTE:

1. Bei einer größeren Anzahl von Lernern und bei einem kürzeren Dialog (z. B. weniger als 18 Redeparts) empfiehlt es sich, den Text mehrmals zu kopieren und jeder Kleingruppe ein komplettes Set Textstreifen zu geben.

2. Jede Gruppe rekonstruiert nun den Text, indem sie die Streifen in die für sie sinnvolle Reihenfolge bringt.

3. Wenn alle Gruppen ihre Version abgeschlossen haben, werden die Dialoge nacheinander vorgelesen bzw. szenisch dargestellt und mit dem Originaltext verglichen.

85

NIVEAU: ✶✶✶✶
LERNZIELE: diskutieren
MATERIAL: ein Würfel für je 7 Lerner

UNTERRICHTSVERLAUF:

1. Schreiben Sie nachstehende Tabelle an die Tafel und erklären Sie den Lernern das Spiel wie folgt.

Gewürfelte Zahl	Sprechzeit	Gesprächsthema	Zahl der Gesprächspartner
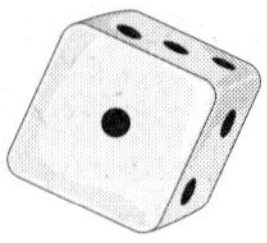	1 Min.	meine Familie	7
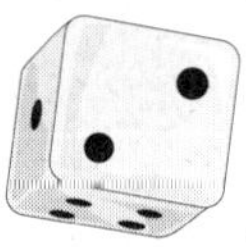	2 Min.	das Essen	6
	3 Min.	mein Haus	5
	4 Min.	Fremdsprachen	4
	5 Min.	unsere Stadt	3
	6 Min.	meine Arbeit	2

2. Es geht darum, jeweils ein bestimmtes Thema innerhalb einer bestimmten Zeitspanne mit einer bestimmten Anzahl von Personen zu diskutieren. Das geht so vor sich:

Der erste Lerner ermittelt die Sprechzeit:
würfelt er beispielsweise 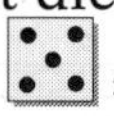, wird das Gespräch 5 Minuten lang sein.

Der zweite Lerner legt das Thema fest:
würfelt er , wird über das Essen diskutiert.

Der dritte Lerner bestimmt, wie viele Personen am Gespräch teilnehmen:
würfelt er 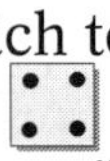, wird zu viert diskutiert, und dieser Lerner wählt sich die anderen drei Gesprächspartner.

Wenn wir von diesem Beispiel ausgehen, diskutieren also 4 Lerner 5 Minuten lang über das Thema Essen. Um den Einstieg zu erleichtern und das Gespräch in Gang zu bringen, können Sie eine provozierende Frage stellen.

3. Die anderen Lerner verfolgen die Diskussion und achten darauf, dass nicht vom Thema abgewichen wird. Einer der Lerner sollte die Einhaltung der Sprechzeit überprüfen. Nach jedem Gespräch kommentieren die Zuhörer Inhalt und Ablauf des Gesprächs.

Es ist durchaus ausreichend, wenn in einer Unterrichtsstunde zwei oder drei Runden gespielt werden. Als Lehrer werden Sie sich bei den Gesprächen zwar möglichst im Hintergrund halten, Sie sollten aber dennoch den Diskussionsablauf genau verfolgen.

86

NIVEAU: ✶✶✶✶

LERNZIELE: Vergangenes berichten, begründen, überzeugen (Rollenspiel)

MATERIAL: Overheadprojektor, Folie

VORBEREITUNG:

Fertigen Sie eine Folie der Abbildung auf Seite 122 und schneiden Sie die 5 Vignetten aus.

UNTERRICHTSVERLAUF:

1. Legen Sie die Folie mit dem Straßenverlauf auf den Projektor. Setzen Sie nun die Radfahrerin an die geeignete Stelle, erzählen Sie dann folgende Geschichte und fügen Sie dabei nach und nach die weiteren Vignetten hinzu um zu zeigen, wie es zu dem Unfall kam.
Eines Tages radelte Claudia eine kleine Straße entlang. Der Tag war lang und anstrengend gewesen und sie war froh sich bald zu Hause ausruhen zu können. Sie war in Gedanken versunken und achtete nicht auf die Verkehrsschilder. Daher übersah sie ein Stoppschild und hielt nicht an. Auf der anderen Straße kam ein Lastwagen, der die Radfahrerin zu spät sah und deshalb nicht mehr rechtzeitig bremsen konnte. Der Lastwagen rammte Claudia und verletzte sie schwer. Frau Meier, die an der Bushaltestelle wartete, beobachtete den Unfall. Auch Herr Müller, der mit seinem Auto in der Gegenrichtung fuhr, war Zeuge des Unfalls.

2. Bitten Sie einen der Lerner nach vorne zu kommen, die Vignetten zu verschieben und die Geschichte neu zu erzählen. Die anderen Teilnehmer korrigieren inhaltliche und sprachliche Fehler. (Dieser Teil der Übung sollte nicht mehr als 5 Minuten beanspruchen.)

3. Inszenieren Sie nun ein Rollenspiel auf der Grundlage dieser Geschichte. Verteilen Sie die Rollen von Claudia, dem Lastwagenfahrer, Frau Meier und Herrn Müller. Die übrigen Lerner übernehmen die Rolle von Polizisten. (Wenn die Klasse sehr groß ist, bilden Sie am besten zwei Spielgruppen.)

Schicken Sie die beiden Zeugen in verschiedene Ecken des Unterrichtsraums und lassen Sie die Polizisten zu ihnen gehen um sie zu interviewen. Jeder Polizist sollte ein schriftliches Protokoll über die Interviews anfertigen.

Nehmen Sie Claudia und Frau Meier zur Seite und flüstern Sie ihnen zu, sie sollten darauf bestehen, dass Claudia *nicht schuld* sei. Sie sollten z.B. sagen, dass sie angehalten habe, dass der Lastwagenfahrer betrunken gewesen sei, dass Frau Meier nichts gesehen habe, da sie kurzsichtig sei usw.

4. Inszenieren Sie nun eine Gerichtsverhandlung. (Wenn Sie zwei Spielgruppen haben, sollten die Szenen nacheinander gespielt werden, da genügend Platz vorhanden sein muss.)

Die Polizisten verlesen ihre Protokolle und alle Beteiligten versuchen den Richter davon zu überzeugen, dass ihre Darstellung die richtige ist. (Die Rolle des Richters wird entweder von Ihnen gespielt oder aber – im Idealfall – von einem Außenstehenden, der nichts über den Unfall weiß.) Dabei ergeben sich meist lebhafte Auseinandersetzungen, da jeder seine Version von Wahrheit durchzusetzen versucht.

Nach dem Spiel kann die Übung mit einer Diskussion über die erlebte Thematik abgeschlossen werden.

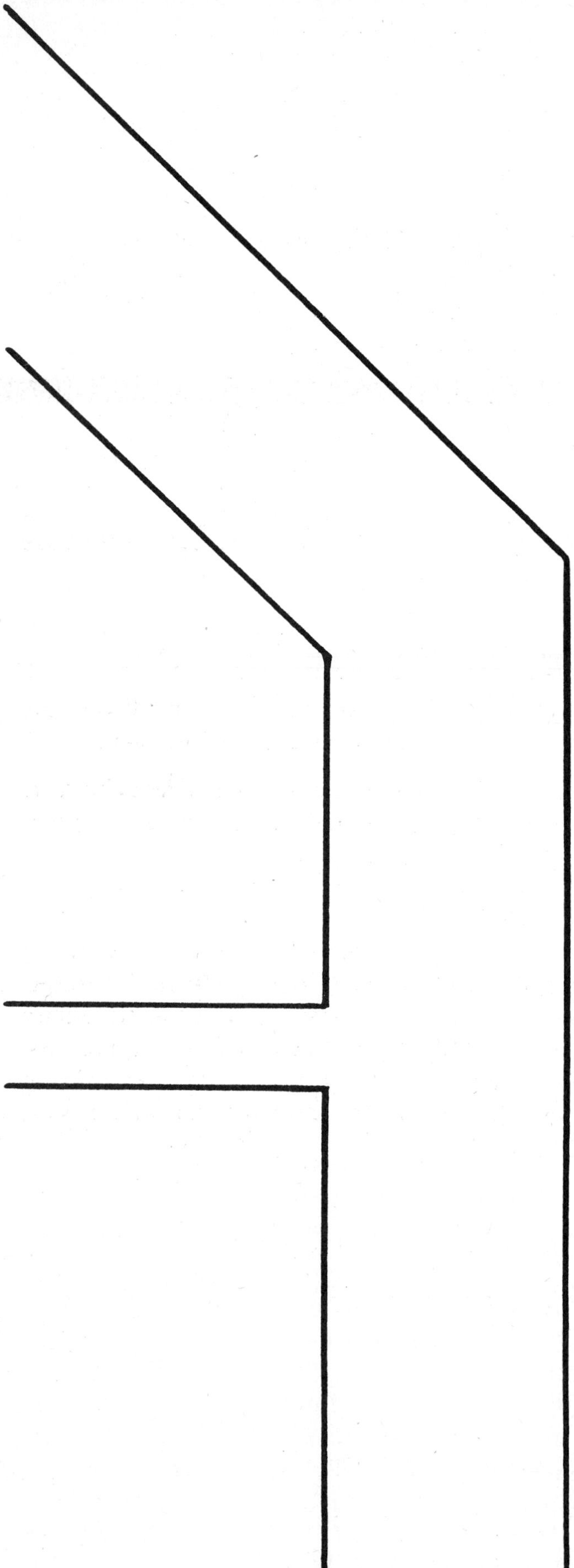

STOP
86

87

NIVEAU: ✶ ✶ ✶ ✶

LERNZIELE: Hörverstehen, Märchenschluss erfinden

MATERIAL: Märchen, Fabel oder Geschichte (vgl. das Märchen auf Seite 124)

VORBEREITUNG:

Lesen Sie den Text von Seite 124 zuerst einmal leise und dann einige Male laut, bis Sie sich in der Lage fühlen die Geschichte lebendig vorzutragen.

UNTERRICHTSVERLAUF:

1. Führen Sie das unbekannte Vokabular ein und bereiten Sie die Atmosphäre für den Text vor.

2. Lesen Sie den Text. Nutzen Sie die Möglichkeiten von Pausen und Gesten, um die Aufmerksamkeit der Hörer zu erhöhen. Versuchen Sie möglichst oft den Kopf zu heben und Augenkontakt mit den Lernern herzustellen.

3. Wenn Sie mit der Lektüre zu Ende sind, bitten Sie die Lerner in Zweier- oder Dreiergruppen die Geschichte zu Ende zu bringen.

4. Sobald die Gruppen ihre Arbeit beendet haben, lesen Sie den letzten Satz der Geschichte: *Der Soldat ging ohne zu zögern los und öffnete die linke Tür* ... nochmals vor und lassen die Gruppen reihum ihre Versionen anfügen.

5. Die Diskussion über die verschiedenen Versionen kann zu weiteren Gesprächsthemen (Lieblingsmärchen etc.) führen.

VARIANTE:

Wenn Sie es vermeiden wollen, dass sich die Lerner veranlasst sehen die Geschichte im Präteritum fortzuführen, so verwandeln Sie die letzten Sätze des Märchens in das historische Präsens: *Die Prinzessin bleibt still* ... Auf diese Weise kann die Geschichte im Präsens zu Ende erzählt werden.

Die Prinzessin und der Löwe

Es war einmal ein Dorf in Nordafrika, in dem ein König mit merkwürdigen Gewohnheiten lebte. Eine davon war die Art, wie er die Entscheidung traf, ob ein Gefangener schuldig oder unschuldig war. Wenn ein Bürger eines schweren Verbrechens angeklagt wurde, entschied der König im Beisein aller Bürger, ob er verurteilt werden sollte oder nicht. Am Tag des Urteils sammelten sich der König, sein Hof und das Volk auf einem Hügel. Auf diesem Hügel lag ein großes Haus mit zwei gleich aussehenden Türen; eine rechts, eine links. Wenn der König das Zeichen gab, musste der Angeklagte zu einer der beiden Türen gehen und sie öffnen.

Hinter einer der Türen war ein hungriger Löwe, der den Gefangenen als Strafe für seine Verbrechen fressen würde; hinter der anderen Tür befand sich eine schöne Frau, die er als Preis für seine Unschuld heiraten konnte.

Der König empfand diese Art von Justiz als gerecht, da der Gefangene selbst über sein Schicksal entscheiden konnte. Mit dem Öffnen einer dieser Türen würde er ums Leben kommen oder aber heiraten.

Eines Tages erfuhr der König, dass seine Lieblingstochter in einen armen, gut aussehenden Soldaten verliebt war. Da sperrte der König den Soldaten ein und beraumte einen Gerichtstermin an, für den er den wildesten Löwen und die schönste Frau seines Königreiches suchen ließ.

Als sich der Soldat dem Volk am Tag des Urteils zeigte, war er so schön anzusehen, dass die Leute ihn voll Bewunderung begrüßten und um sein Leben fürchteten. Armer, schöner Soldat, was für eine schreckliche Entscheidung auf ihn zukam! Er stellte sich vor den König und verbeugte sich, wie es üblich war, vor ihm. Dennoch blickten seine Augen auf die Prinzessin, die neben dem König saß. Sofort merkte der Soldat, dass die Prinzessin genau wusste, wo der Löwe und wo die schöne Dame waren. Es war keine Zeit zu verlieren. Seine Augen fragten: „Welche Tür soll ich öffnen?“

Die Prinzessin wusste, dass der Vater die schönste Frau des Reiches ausgewählt hatte und dass diese dem Soldaten früher bewundernde Blicke zugeworfen hatte. Zudem schien es ihr, dass diese Bewunderung den Soldaten nicht unbeteiligt gelassen hatte. Wie könnte sie es ertragen den Mann ihrer Träume in die Arme einer anderen zu geben? Aber, andererseits, wie könnte sie es ertragen den Soldaten von einem Löwen gefressen zu sehen? Die Prinzessin blieb still. Sie hatte die Entscheidung schon vor längerem getroffen – nach vielen Tagen und Nächten des Überlegens. Sie beugte sich ein bisschen nach links. Der Soldat ging ohne zu zögern los und öffnete die linke Tür ...

(Frei nach
Frank R. Stockton,
The Lady and the Tiger)

88

NIVEAU: ✶✶✶✶

LERNZIELE: Textproduktion

VORBEREITUNG:

Bereiten Sie zehn Verständnisfragen vor, wie sie für Standard-Textaufgaben üblich sind. Sie können sich auf einen Lehrbuchtext beziehen oder auch keinen Text zugrunde legen. Verwenden Sie reichlich Sprachmaterial (Vokabular und Grammatik), das Sie üben oder wiederholen möchten. Passen Sie den Schwierigkeitsgrad der Fragen dem Lernniveau der Klasse an.
Hier eine Sammlung von Fragen, die auf keinen Text bezogen sind:

1. *Warum war Robert so wütend, als er in sein Land zurückkehrte?*
2. *War er erstaunt, als er sein Dorf völlig verlassen vorfand? Warum? Warum nicht?*
3. *Der Erzähler gibt drei Gründe an, warum das Dorf verlassen ist. Führen Sie mindestens zwei davon an.*
4. *Was entdeckte Robert, als er die Türe seines Hauses öffnete?*
5. *Was hätten Sie in diesem Fall gemacht und was machte Robert?*
6. *Welche Personen waren wirklich und welche existierten nur in der Fantasie von Robert?*
7. *Weshalb merkte Robert, dass etwas Seltsames passierte?*
8. *Glauben Sie, dass sein Ärger berechtigt war? Warum? Warum nicht?*
9. *Wie viele lebende Personen haben sich vor Mitternacht getroffen und was ist mit den Toten passiert?*
10. *Welchen Titel würden Sie dieser Erzählung geben?*

UNTERRICHTSVERLAUF:

1. Erinnern Sie die Lerner an die Technik der Textaufgaben (Lesen eines Textes und Beantworten von Verständnisfragen), und erklären Sie ihnen, dass nun die Übung sozusagen von hinten aufgerollt wird.

2. Legen Sie den Lernern die von Ihnen vorbereiteten Fragen vor. Sie können sie entweder an die Tafel schreiben oder Kopien verteilen. Sagen Sie nun den Lernern, dass sie nicht die Fragen beantworten, sondern vielmehr den Text schreiben sollen, auf den sich die Fragen beziehen könnten. Erläutern Sie auch, dass der Text so verfasst sein muss, dass jede der Fragen beantwortet werden kann. (Das gibt den Lernern die Gelegenheit innerhalb des von Ihnen gesetzten Rahmens ihre Fantasie spielen zu lassen.)

3. Wenn die Texte fertig gestellt sind, werden sie laut vorgelesen. Wahrscheinlich wird es viele Ähnlichkeiten, aber auch viele unterschiedliche Inhalte geben. Lassen Sie die Lerner darüber diskutieren und ihre Arbeiten vergleichen.

4. Wenn Sie Ihre Fragen auf einen tatsächlichen Text bezogen haben, lesen Sie diesen nun laut vor, schreiben ihn an die Tafel oder verteilen ihn auf fotokopierten Blättern. Diskutieren Sie dann darüber, wie sich das Original zu den Textversionen der Lerner verhält.

Wenn Sie keinen Text zugrunde gelegt haben, müssen Sie das jetzt eingestehen. Es ist jedoch zu berücksichtigen, dass ein gewisser Frust aufkommen kann, wenn die Lerner erfahren, dass es gar keinen Ausgangstext gibt. Daher muss bei der Präsentation der Fragen und bei der Erläuterung der Aufgabenstellung darauf geachtet werden, dass die Lerner im Nachhinein nicht das Gefühl bekommen, angelogen worden zu sein.

MINI-REZEPTE

1. Schreiben Sie eine Liste, die Ihre Wünsche fürs Leben enthält. Welche dieser Wünsche sind nicht erreichbar? Sind Sie wirklich unerreichbar?
2. Morgen wird der Briefträger Ihnen einen Brief bringen, der Ihnen eine große Freude bereiten wird. Von wem stammt der Brief und was steht darin?
3. Wenn Sie die Welt einen Tag lang regieren könnten ...
4. Erzählen Sie die Geschichte Ihrer Haare. Wann haben Sie Ihre Frisur geändert und warum?
5. Beschreiben Sie Ihr Lieblingskleidungsstück. Wo und wann haben Sie es gekauft? Warum mögen Sie es am liebsten?
6. Beschreiben Sie den Lehrer oder die Lehrerin, die Sie am meisten beeindruckt hat.
7. Stellen Sie sich vor, Sie sind allein auf einer Insel. Welchen Film würden Sie sich am liebsten anschauen?
8. Überlegen Sie sich zehn Fragen, die Sie nicht gerne beantworten würden.
9. Schreiben Sie Sätze mit den Buchstaben der Stadt, in der Sie geboren sind. Beispiel: <u>K</u>athrin <u>i</u>st <u>e</u>ndlich <u>l</u>eise (Kiel).
10. Wie viele deutsche Wörter können Sie mit den Buchstaben Ihres Namens bilden?
11. Sie haben fünf Minuten. Wie viele deutsche Wörter fallen Ihnen ein? Notieren Sie sie und vergleichen Sie sie mit Ihrem Nachbarn/Ihrer Nachbarin.
12. Hier haben Sie einen Satz (aus einem bekannten Text). Nehmen Sie fünf Änderungen vor ohne den Sinn zu ändern.
13. Erklären Sie die Regeln eines Spiels oder einer Sportart. Welche Regeln würden Sie ändern, wenn Sie könnten.
14. Sie müssen ein Geschenk für einen Freund einpacken. Erklären Sie genau, wie Sie das Päckchen machen.
15. Nehmen Sie von einem langen und komplizierten Satz zuerst ein Wort weg, dann noch eins, dann wieder eins und so weiter. Vorsicht: Der Satz muss immer syntaktisch korrekt bleiben.
16. Fügen Sie einem kurzen Satz (drei bis fünf Wörter) ein Wort nach dem anderen hinzu. Der Satz muss immer syntaktisch korrekt bleiben.
17. Denken Sie sich zehn verschiedene Methoden aus Ihr Deutsch zu verbessern.
18. Zeichnen Sie schrittweise eine Zeichnung. Fragen Sie nach jedem Abschnitt, um was es sich handelt.
19. Erzählen Sie Ihrem Nachbarn/Ihrer Nachbarin einen Scherz. Sie/er muss ihn der Gruppe in der indirekten Rede erzählen.

REGISTER

Die Zahlen beziehen sich auf die Nummer der jeweiligen Übung.